Dorothee Döring

Erste Hilfe bei Kränkungen

Seelischen Verletzungen in der Familie aktiv begegnen

ENNSTHALER VERLAG STEYR

Wir danken den Verlagen und Rechteinhabern
für die freundlichen Abdruckgenehmigungen

www.ennsthaler.at

ISBN 978-3-85068-693-8

Dorothee Döring · Erste Hilfe bei Kränkungen

Ennsthaler Gesellschaft m.b.H. & Co KG, 4400 Steyr, Österreich
Satz: Ennsthaler Verlag
Umschlaggestaltung: Die Besorger, Mediendesign und -technik, Steyr

Inhaltsverzeichnis

Vorwort 7

Teil 1 – Das Wesen der Kränkung 9

1. Definition und Arten von Kränkungen 10
2. Bestimmungsfaktoren für den Grad der Kränkung 14
   2.1. Das Selbstbewusstsein 14
   2.2. Der »wunde Punkt« 19
   2.3. Negative Erlebnisse in Kindheit und Jugend 23
3. Reaktionen auf Kränkungen 31
4. Psychosomatische Folgen nicht verarbeiteter Kränkungen 35

Teil 2 – Kränkungen in der Familie 43

1. Das System Familie 44
2. Die Bevorzugung eines Kindes durch die Eltern 45
3. Die Ablehnung eines Kindes durch die Eltern 50
4. Kränkungen in der Pubertät 57
5. Vater-Sohn-Konflikte 62
6. Mutter-Tochter-Konflikte 69
7. Verletzungen in der Ehe 78
8. Kränkung und Enttäuschung einer betrogenen Ehefrau 84
9. Der »Schwiegermutter-Komplex« 92
10. Demütigung für Väter und Kinder – Kuckuckskinder 103
11. Kränkungen in der Patchwork-Familie 111
12. Verlassene Eltern 121
13. Wenn der Vorruhestand zur Qual wird 129
14. Kränkungen bei der Übergabe eines Familienunternehmens 135
15. Verletzungen der »Familienehre« 139
16. Leben mit einem Tabu – verheimlichte Priesterkinder 145

Teil 3 – Kränkungen verarbeiten und heilen 149

1. Das Verhalten in der Konfliktsituation 150
2. Der Umgang mit Kritik 154
3. Der Perspektivwechsel 161
4. Selbstschutz durch Selbstbewusstsein 166
5. Die Selbstliebe 168
6. Das Erkennen des »wunden Punktes« 178
7. Kein Blick zurück im Zorn – Verzeihen ist Stärke 181
   7.1. Folgen unterlassener Verzeihung 183
   7.2. Die Bedeutung der Verzeihung 188
   7.3. Schwierigkeiten mit dem Verzeihen 190
   7.4. Voraussetzungen für das Verzeihen 192
   7.5. Gesten des Verzeihens 194
   7.6. Seelenhygiene durch Verzeihen 196
8. Erste Hilfe bei Kränkungen 200

Nachwort 205
Quellen 207
Weiterführende Literatur 208

Vorwort

Wir werden gekränkt, fühlen uns als ganze Person herabgesetzt, in Frage gestellt, gedemütigt, erniedrigt oder verkannt. Wir können dann nicht mehr unterscheiden, ob eine Kritik berechtigt oder bösartig ist. Wir fühlen uns eingekesselt. In solchen Situationen können wir zurückgeworfen sein auf alte, tiefe Verletzungen, die wir in uns tragen. Vielleicht wird mal wieder unser »wunder Punkt« getroffen?

Bereits Hildegard von Bingen (1098–1179) hatte den psychosomatischen Zusammenhang herausgefunden: *»Was kränkt, macht krank!«*

Eigentlich sollten wir es schon deshalb tunlichst unterlassen, andere zu kränken, und wir sollten Abstand zu kränkenden, also krank machenden Menschen halten. Die Realität sieht anders aus: Keiner von uns ist dagegen gefeit, einen anderen Menschen einmal zu kränken, und wir selbst sind immer wieder Opfer von Kränkungen, die wir oft lebenslang in unserer Seele mit uns herumschleppen.

Warum das so ist, erfahren Sie im **1. Teil: Das Wesen der Kränkung.**

Überall, wo Menschen miteinander kommunizieren, kann es zu Kränkungen kommen, unter den Arbeitskollegen, in der Nachbarschaft, unter Freunden und Bekannten. Da es schwer durchführbar ist, alle möglichen Kränkungssituationen zu beschreiben, war eine Beschränkung notwendig. Deshalb habe ich das Umfeld der Familie gewählt, weil hier die häufigsten und intensivsten Verletzungen geschehen.

Darüber lesen sie im **2. Teil: Kränkungen in der Familie.**

Welche Strategien kann man einsetzen, um einerseits einer akuten Kränkung zu begegnen und andererseits bereits erlittene Kränkungen zu heilen, damit diese ihren krank machenden Einfluss auf unsere Seele verlieren?

Diese Fragen werden im 3. **Teil: Kränkungen verarbeiten und heilen** beantwortet.

TEIL I

Das Wesen der Kränkung

1. Definition und Arten der Kränkung

Krankheit bedeutet leiden, Schmerz fühlen, von den körperlichen Funktionen her eingeschränkt sein. *Kränkungen* dagegen sind noch keine Krankheit, sie können aber Krankheiten auslösen. Kränkungen sind seelische Verletzungen, die das Ziel haben, unser Ehrgefühl und Selbstbewusstsein zu treffen. Unabhängig davon, welcher Kränkung wir ausgeliefert sind, sie trifft den Kern unserer Persönlichkeit, unser Selbstwertgefühl. Wir fühlen uns schlecht behandelt, nicht wertgeschätzt und nicht verstanden.

Die Bandbreite reicht von unbewussten bis zu bewussten Angriffen, von Beleidigungen, Zurückweisungen, Ignoranz, Blamage, Bloßstellung bis hin zu verbalen Attacken. Mit Worten, Gesten, Verhalten oder Gerüchten kann ein Mensch einen anderen kränken. Häufiger Tadel, abwertende Kritik, beleidigende Worte, die darauf aus sind, einen anderen Menschen schlecht zu machen, ihn zu entwürdigen, sein Selbstvertrauen zu zerstören, ihm Schuldgefühle beizubringen, können kränken. Bestimmte Worte wirken wie ein scharfes Messer, wie eine Waffe, sie können nicht nur seelisch verletzten, sie können sogar töten. Denken Sie dabei an ein Wort wie *Ruf-Mord*. Sprachlich, ohne Waffen, kann man den Ruf, das Ansehen, die Leistungsfähigkeit eines Menschen empfindlich stören und sogar zerstören. Im Laufe der Zeit können die erhaltenen seelischen Verletzungen sich auch körperlich manifestieren, z.B. als Dauerkopfschmerz, Übelkeit, unspezifische Schmerzen, Schlafstörungen, Appetitlosigkeit, Erschöpfungszustand bis hin zu Selbstmordgedanken.

Kränkungen kommen überall im zwischenmenschlichen Zusammenleben vor. Die meisten Kränkungen laufen in Familien ab, weil Nähe verletzlich macht. Deshalb wende ich mich in diesem Ratgeber den Kränkungspotentialen innerhalb der Familie zu.

Mit Kränkung ist nicht nur der Vorgang selbst gemeint, sie zieht auch einen manchmal lange andauernden Gefühlszustand des Gekränkten nach sich. Diese Wirksamkeit ist ein Grund, warum die Reaktionen des Gekränkten oft nicht verstanden werden. Sicherlich haben Sie auch schon solche Erklärungen gehört wie: *»Aber das habe ich doch nicht so gemeint!«* Der Verursacher sieht nur den Vorgang der Kränkung, aber nicht die Wirkung auf das Gefühlsleben des Gekränkten.

Mitunter reagiert der Kränkende erschreckt, wenn er realisiert, was er ausgelöst hat. Auch er fühlt sich dann unwohl und macht sich Vorwürfe, wie er so unbedacht sein konnte.

So ist auch zu erklären, warum manche Menschen sich mimosenhaft empfindlich gebärden und schnell beleidigt reagieren, sich anderen gegenüber aber völlig empfindungslos zeigen. Der Balken im eigenen Auge versperrt ihnen die objektive Sicht auf sich selbst.

Neben den mehr oder weniger *unbeabsichtigten* Kränkungen gibt es die *vorsätzlichen*. Hierbei reicht das Spektrum von *direkten* Kränkungen, wie dem Übersehen oder Übergehen (z.B. bei einer Beförderung), der Beleidigung, Bloßstellung oder Zurückweisung (z.B. einer Liebe), bis zu den *indirekten*, wie dem Mobbing und der üblen Nachrede.

Bloßstellung und *Beschämung* sind Kränkungen, die in der Regel in aller Öffentlichkeit stattfinden. Sie wirken schon deshalb so verhängnisvoll, weil jeder Mensch zum Schutz seines Selbstwertgefühls bemüht ist, nach außen eine Fassade aufzubauen, um Fehler und Schwächen zu verbergen, die ihn angreifbar machen.

Der Grad der Kränkung hängt auch ab von der *Beziehung*, die wir zu dem Kränkenden haben: *Besonders tief wirken Kränkungen, die uns von Menschen zugefügt werden, die uns besonders nahe stehen.*

Wir stellen an diese Personen besondere Erwartungen und sind sehr enttäuscht, wenn diese nicht erfüllt werden.

Graduell gibt es natürlich unterschiedliche Verletzungen. Der vergessene Hochzeitstag lässt sich eher verzeihen als eine bösartige Intrige, Herabsetzung oder Verrat.

Gundi:
»Ich habe immer sehr darunter gelitten, wenn mein Mann in meinem Beisein sich dauernd bewundernd nach hübschen Mädchen umdrehte und deren Figur mit meiner verglich. Früher war ich genauso schlank, aber nach drei Geburten hatte sich meine Figur total verformt. Seine abschätzigen Blicke trafen und kränkten mich tief.«

Annette:
»Mein Mann und ich verstanden uns im Alltag immer gut. Allerdings wenn wir im Freundeskreis eingeladen waren, erkannte ich ihn oft kaum wieder. Er ließ nichts aus, um mich zu attackieren und bloßzustellen. Nachher hat er sich zwar immer dafür entschuldigt, aber meine erlittene Kränkung und die negative Erwartungshaltung bei künftigen Einladungen waren für mich ein Teufelskreis.«

Manuela:
»Nach fünfundzwanzig Jahren Ehe musste ich über Dritte erfahren, dass mein Mann seit langem eine Geliebte hatte, die er sogar finanziell unterstützte. Jahrelang hatte ich unermüdlich beim Aufbau des Geschäfts geholfen und dabei auf vieles verzichtet, damit die Familie über die Runden kam. Dass eine andere die Früchte meines Einsatzes erntete und der Mann, dem ich alles geopfert hatte, mein Vertrauen missbrauchte, weckte in mir Wut und Verbitterung.«

Viele Kränkungen haben ihre Ursache in Kritik, wobei sachlich betrachtet konstruktive Kritik sachbezogen ist und die Person des anderen nicht in Frage stellt. Eine Kränkung richtet sich dagegen immer gegen die Person, sie sucht die emotionale Ebene und greift das *Selbstbewusstsein* des anderen an.

Das wird aber leider vom Kritisierten nicht immer so verstanden und häufig auch nicht vom Kritiker sauber auseinandergehalten. Das heißt, dass auch wohlgemeinte Kritik häufig als Kränkung empfunden wird. Kritik, vor allen Dingen *vor anderen*, wird als Zurückweisung oder Abwertung der eigenen Person erlebt und mit einem breiten Repertoire von Kränkungsreaktionen beantwortet.

Bei Kritik spielt nicht nur die Wahl der Worte eine entscheidende Rolle, sondern auch der Tonfall und die Gesten. *Konstruktive Kritik* verfolgt das Ziel, notwendige Kritik mit Achtung auszudrücken, wodurch der Kritisierte das Gefühl hat, trotz begangener Fehler als Person geachtet zu werden. Kritik ist für jeden unangenehm und beeinträchtigt das Selbstwertgefühl. *Deshalb sollte Kritik behutsam geäußert werden und in ein Lob eingebettet sein, um unnötige Verletzungen zu vermeiden* (siehe Teil 3, Kapitel 2. Der Umgang mit Kritik).

In meiner Konfliktberatung wurde mir klar, dass viele zwischenmenschliche Probleme auf Kränkungen zurückzuführen sind. Fast alles, was an Problemen im zwischenmenschlichen Bereich existiert, beruht auf Missverständnissen, Meinungsverschiedenheiten, Auseinandersetzungen, die schließlich in Beziehungsabbrüchen enden können. Besonders schlimm wirken sich Kränkungen auf subtiler Ebene aus, die nicht bewusst wahrgenommen, sondern verdrängt werden. Was dann unkontrolliert zurückbleibt, sind Wut, Verachtung und Groll gegen Menschen, die einem etwas angetan haben.

Woran liegt es nun, dass manche Menschen besonders »empfindlich« auf Kränkungen reagieren?

2. Bestimmungsfaktoren für den Grad der Kränkung

2.1. Das Selbstbewusstsein

Genauso, wie selbstsichere Menschen nicht wirklich wissen, wie die *»Statik« ihres Selbstbewusstseins* beschaffen ist, so sind sich unsichere Menschen selten darüber im Klaren, welche Dynamiken sie immer wieder im Muster der »erlernten Hilflosigkeit« festhalten, *blockieren* oder ihrer *Kräfte berauben*. Dass der Wille alleine, selbstbewusst zu sein, nicht ausreicht, darüber können Betroffene meist ein Lied singen.

Wem es an Selbstwertgefühl mangelt, der fühlt sich vermutlich oft klein, zurückgesetzt und traut sich nichts zu. Woher aber kommt geringes Selbstbewusstsein?

Ein Beispiel:
Linda steht auf der Rutsche des Spielplatzes und ruft der Mutter zu: *»Mami, schau mal!«* Was möchte das Kind erreichen? Es möchte eigentlich nur, dass die Mutter ihm beim Rutschen zuschaut und ihm Aufmerksamkeit schenkt. Oft wird es hinterher jedoch von der Mutter »beglückt« mir Worten wie *»Das hast du aber gut gemacht«* oder *»Du bist aber mutig«*. Dabei wollte es einfach nur die Aufmerksamkeit der Mutter und keinerlei Bewertung seiner Tat. *So lernen wir als Kinder sehr schnell, dass Zuwendung vor allem über Leistung zu erlangen ist. Letztlich führt das mit der Zeit dazu, dass wir meinen, wir selbst seien es nicht wert, geliebt zu werden. Unser Selbstwert geht verloren.* Deshalb definieren sich so viele von uns über Leistung, um das Selbstwertgefühl über die Anerkennung von außen wieder zu erlangen. Aber es ist ein Teufels-

kreis. Denn nicht wir selbst, sondern unsere Leistungen werden von den anderen gesehen und bewertet und je bessere Leistungen wir erbringen, desto weniger werden wir selbst gesehen.

Mangelndes Selbstbewusstsein basiert meistens auf unseren eigenen Gedanken, Vorstellungen und Überzeugungen von uns selbst und unseren Fähigkeiten. Wir haben die Vorstellung, wir seien unzulänglich. Typische Gedanken sind z.B.

- »Das schaffe ich sowieso nicht«
- »Bei mir geht immer alles schief«
- »Ich bin uninteressant«
- »Keiner mag mich«
- »Ich bin unattraktiv, schwach und dumm«.

Dieses *negative Selbstbild* treibt die meisten in zersetzende *Selbstzweifel*. Man fühlt sich schwach und lässt sich zu viel gefallen. Manchmal ist es Menschen ohne Selbstbewusstsein sogar peinlich, wenn andere gut über sie reden, weil ihr Lob nicht mit dem übereinstimmt, was sie selbst über sich glauben.

Das eigene Selbstbild und das, was wir selbst über uns denken, wurde stark von dem beeinflusst, was prägende Erwachsene (Eltern oder Lehrer) von uns gehalten haben. Vermutlich wurde es uns oft genug vorgehalten, wie dumm, ungeschickt oder schlampig wir seien, bis wir es schließlich als wahre Überzeugung angenommen haben. Wenn Respektpersonen das sagen, dann muss das wohl so sein. Unser Selbstbewusstsein ist dahin.

Wer unter einem Mangel an Selbstwertgefühl leidet,

- vergleicht sich oft mit anderen.
- hat Angst vor Misserfolg.
- scheut Verantwortung.
- versucht alles 150%ig zu machen.
- kann schwer »nein« sagen.
- macht sich bei Fehlern oft Selbstvorwürfe.

- kann Komplimente nur schwer annehmen.
- denkt, wenn andere über ihn sprechen, sie sprechen schlecht über ihn.
- versucht, Fehler und Schwächen zu verbergen.
- macht sich viele Gedanken über sein Aussehen.

Wenn eine Kränkung ein Angriff auf das Selbstbewusstsein ist, dann ist klar, dass Menschen mit einem schwach ausgeprägten Selbstwertgefühl unter Kränkungen besonders stark leiden. Sie empfinden schon jeden Hauch von Kritik als Kränkung. Das gilt besonders für den außengesteuerten Typ, in Gegensatz zu dem innengesteuerten. Außengesteuerte Menschen sind sehr stark vom Urteil ihrer Umgebung abhängig. Ihr Selbstbewusstsein hängt stark von Lob oder Tadel ab.

Die negative Beeinflussung des eigenen Selbstbewusstseins durch andere führt zu seelischen Schmerzen, dem Aufbau von Aggressionen und bei wiederholten Kränkungen zu psychosomatischen Störungen.

Zurückweisung und Kritik können Kränkungen auslösen, wenn sie als *Entwertung der Person* erlebt werden. Dabei ist es unbedeutend, ob die Kränkung beabsichtigt oder unbeabsichtigt war.

Oft reagieren wir auf Unterstellungen und Wertungen eines anderen gekränkt. Gekränkt fühlen sich die meisten von uns auch, wenn Meinungen, die wir vertreten, von anderen lächerlich gemacht werden. Je wichtiger uns unsere Meinung ist, umso schlimmer wirkt die Kränkung.

Es gibt subtile Methoden, indem z.B. der Kränkende beiläufig Bemerkungen macht und durch eindeutige Gesten seine Missachtung ausdrückt.

Aber auch bloße Zufälligkeiten können als Zurückweisung empfunden werden, wenn der Gekränkte sie als Minderung des eigenen Selbstwertes erlebt.

Daraus folgt, dass jede Reaktion der Umwelt als Kränkung wahrgenommen werden kann.

Menschen mit schwachem Selbstwertgefühl neigen dazu, Kränkungen zu verinnerlichen. Damit beginnt die Kränkung in ihnen ein Eigenleben zu entwickeln mit allen Folgen für die seelische und körperliche Gesundheit.

Lucy, 14:
»Ich habe überhaupt kein Selbstbewusstsein und leide inzwischen so darunter, dass ich mich zurückziehe und kaum Außenkontakte habe. Trotzdem versuche ich, ein Selbstbewusstsein vorzutäuschen. Doch im Innersten würde ich am liebsten schreien. Meine »Freundinnen« tun bei mir so, als wären sie meine besten Kameraden und hinter meinen Rücken reden sie über mich. Obwohl es mich kränkt, ignoriere ich das, weil ich dazugehören möchte. Ich habe mir auch schon mal überlegt, mir neue Freundinnen zu suchen. Ich traue mich aber nicht, auf fremde Mädchen zuzugehen. Oft empfinde ich es so, als befände sich ein weites Meer zwischen den anderen Menschen und mir. Es fällt mir sehr schwer, mich anderen zu öffnen.«

Lucys Wahrnehmung ist gesteuert durch ihre eigene innere Unsicherheit. Vielleicht ist es gar nicht so, wie sie es empfindet. Diese Gefühlsverunsicherungen haben viele Pubertierende, bei denen sich nicht nur der Körper verändert, sondern die ganze Persönlichkeit. Man fühlt sich dann total unsicher, hat überhaupt kein Selbstwertgefühl und vermutet, dass jeder, der einen anschaut, es mit negativen Gedanken tut. Wenn Lucy es schaffen könnte, alles eher positiv zu sehen, könnte sie es vielleicht genießen, dass sie es wert ist, dass man ihr Beachtung zukommen lässt.

Stefan, 33:
»Ich war schon als Kind sensibel und schüchtern, ließ mir alles wegnehmen und gefallen, weil ich Angst davor hatte, gegen die anderen

nicht anzukommen. Das machte mich bei den anderen Kindern zur Zielscheibe von Spott und Kränkungen. Meine Eltern versuchten immer, aus mir einen »richtigen Jungen« zu machen. Das kränkte mich, weil ich merkte, dass ich in ihren Augen »nicht richtig« war. Der richtige Stress begann für mich mit der Schulzeit. Weil ich Angst davor hatte, etwas Falsches zu sagen, schwieg ich. Wurde ich aufgefordert oder sogar an die Tafel geschickt, errötete ich, begann zu stottern und hatte einen totalen Filmriss. Das machte mich erneut zur Witzfigur der Klasse, auf der man herumhacken konnte. Wirklich geändert hat sich das aber auch im Erwachsenenleben nicht, im Gegenteil. Seit 5 Jahren leide ich an einer Panikstörung mit gelegentlichen Panikattacken. Ich bekomme immer dann, wenn in einer Runde von Menschen von mir erwartet wird, dass ich ein paar Sätze sage, Schweißausbrüche, Herzrasen, beschleunigten Puls und habe nur noch Fluchtgedanken, nix wie weg. Das führt bei mir häufig zur Vermeidung. Oft rufe ich kurzfristig an und sage ab, weil etwas dazwischengekommen sei. Das Ganze wirkt sich natürlich enorm auf das Leben aus. Meine privaten Unternehmungen halten sich stark in Grenzen und ich stelle eine immer stärker werdende Vereinsamung fest. Meine Mitmenschen können mit der Krankheit nicht viel anfangen. Das ist schließlich nichts ›Handfestes‹, wie z.B. eine Grippe.«

Die Variationsbreite verschiedener Charaktere ist enorm: Es gibt Menschen, die strotzen vor Selbstbewusstsein, andere dagegen bekommen kaum ein Wort heraus. Das macht sie häufig zu »Opfern«, weil von ihnen keine Gegenwehr erwartet wird. Wer sich als Duckmäuser präsentiert, muss sich nicht wundern, wenn er auch als solcher behandelt wird. Und – wer sich nichts zutraut, blockiert sich selbst. Allerdings gehört zu einem gesunden Selbstbewusstsein auch das Wissen um die eigenen Grenzen. (Siehe Teil 1, Kapitel 4. »Psychosomatische Folgen nicht verarbeiteter Kränkungen«).

2.2. Der »wunde Punkt«

Manche Menschen reagieren auf bestimmte Kränkungen in einem für die Umwelt übertriebenen Maße, man könnte sagen, sie reagieren »allergisch«. Das passiert regelmäßig, wenn bei ihnen ein so genannter »wunder Punkt« berührt worden ist.

Ein »wunder Punkt« ist eine nicht ganz verheilte Wunde, die bei entsprechendem Anlass aufbricht. Er ist die Folge früherer verletzender Erfahrungen, die das Selbstwertgefühl angegriffen haben. Trifft eine Kränkung den »wunden Punkt«, werden die unverarbeiteten Verletzungen der Vergangenheit reaktiviert.

Ein Beispiel:
Viele Menschen sind mit ihrem Aussehen unzufrieden, wurden vielleicht schon wegen ihrer langen Nase, der Sommersprossen oder der roten Haare gehänselt und das berührt bei vielen einen »wunden Punkt«, wenn die Äußerlichkeiten, die ein unveränderlicher Teil der eigenen Identität sind, durch Vorurteile oder Vorbehalte entwertet werden. Und - obwohl es ungerecht ist - wird auch in unserer Gesellschaft gutes Aussehen mehr denn je als unabdingbare Voraussetzung für Erfolg bewertet. *»Erfolg kann sich heutzutage erhoffen, wer eine relativ kleine Nase, keine Falten und ein mittelgroßes Kinn hat«*, schrieb eine Zeitung. Das ist für alle, die dem nicht entsprechen, eine schmerzhafte Diskriminierung.

Besonders Teenager, die ohnehin von Selbstzweifeln aller Art geplagt sind, quält der Körperkult und der Druck, der durch die hohen Maßstäbe der Schönheitsindustrie erzeugt wird. Das Ergebnis ist eine ständige Unzufriedenheit mit dem eigenen Aussehen.

Jeder von uns ist allein schon durch die Werbung beeinflusst von dem, was die Auffassung von Schönheit betrifft. Umso notwendiger ist es, dass wir unser Verständnis von Schönheit nicht auf bestimmte äußere Merkmale einengen und davon unseren Selbstwert bestimmen lassen. *Es gibt nämlich nicht nur eine äußere, sondern auch eine innere Schönheit, auf die wir unser Augenmerk bewusst richten sollten. Das hilft uns, das zu entdecken und schätzen zu lernen, was »unter der Schale« steckt.*

Jeder Mensch hat seinen »wunden Punkt«, an dem er überempfindlich reagiert. *(»Der getroffene Hund bellt!«)* Bei dem einen ist es das Aussehen, beim anderen ein bestimmtes Verhalten, das von anderen kritisiert oder in Frage gestellt wird. Es ist ein Kränkungspunkt, die so genannte Achillesferse, etwas, das viel über einen Menschen verrät. Wichtig für den Umgang mit Kränkungen ist es, den eigenen »wunden Punkt« zu erkennen. Beim Rückblick auf erlittene Verletzungen wird uns bewusst, dass eventuell noch irgendeine Rechnung offen ist. Wenn wir das erkannt haben, ergibt sich daraus die Chance, unsere unfertigen Geschichten zu Ende zu bringen.

Jeder von uns hat Knöpfe, auf die andere nur drücken müssen, um uns aus der Fassung zu bringen. Die Bedienungsknöpfe sitzen bei jedem Menschen an einer anderen Stelle. Wer sie bewusst oder unbewusst berührt, kann von heftigen Reaktionen attackiert werden. *Wer die »wunden Punkte«« eines Menschen kennt, hat auch Macht über ihn und kann ihn manipulieren.*

Ein Beispiel für einen »wunden Punkt« gibt uns Norbert R., Abteilungsleiter:
Norbert R. ist eine hervorragende, verlässliche Führungskraft. Aber er rastet regelmäßig aus, wenn jemand ihm vorwirft, seine Termine nicht einzuhalten. Dann reagiert er übersteigert, sodass er sich selbst nicht mehr kennt. Norbert R. kann eben nicht mit dem Vorwurf fertig werden, er sei unzuverlässig.

Norbert R. rastet schon aus, wenn man lediglich mögliche Terminprobleme anspricht. Warum ist das so? Indem jemand auch nur seine Terminplanung in Frage stellt, trifft er unbewusst Norberts Nerv. Und Norbert reagiert, obwohl er Abteilungsleiter ist, wie jeder andere Mensch und verliert spontan und unreflektiert die Fassung, wenn man seinen »wunden Punkt« trifft.

Was durch dieses Beispiel deutlich wird, ist dies: *Wer die Fassung verliert, verliert.*

Norbert R. verliert Energie, Erfolgsaussichten, Lebensqualität und Selbstbewusstsein, weil er weiß, dass ein guter Abteilungsleiter souverän über den Dingen zu stehen hat, seine »wunden Punkte« anderen gegenüber nicht erkennen lassen und nicht so emotional und unreflektiert darauf reagieren darf.

Jedem psychologischen Laien ist nach einer spontanen Überreaktion klar, dass im Grunde nicht derjenige Schuld hat, der versehentlich einen »wunden Punkt« getroffen hat.

Aber warum löst dieser »wunde Punkt« immer wieder Überreaktionen aus? – Eben weil der »wunde Punkt« schon so lange besteht. So weit Sie sich auch zurückerinnern können: Ihr »wunder Punkt« war eigentlich schon immer da.

Deshalb legen Sie sich durch heftige Überreaktionen auch nicht mit demjenigen an, der Ihren »wunden Punkt« getroffen hat. Es findet eine *»Übertragung«* statt, denn entwicklungspsychologisch gesprochen meinen Sie nicht denjenigen, den Sie attackieren, sondern Ihren Vater, Ihre Mutter oder Ihre Geschwister, die Ihnen den »wunden Punkt« in *frühester Kindheit* zugefügt haben. Die Lektionen, die hinter den »wunden Punkten« stecken, lernen wir in frühester Kindheit. Der Vater nörgelt beispielsweise ständig an seinem Sohn herum und der lernt: *»Ich kann es nicht recht machen! Ich bin nicht gut genug!«* So gegenstandslos diese Schlussfolgerung ist – sie hält in den meisten Fällen ein ganzes Leben an und wird zum »wunden Punkt«.

Deshalb legt sich Norbert R. auch nicht mit dem Kunden an, der ihm gerade arglos Lieferverzug vorhält. Norbert R. legt sich in Wirklichkeit mit seinem Vater an, von dem er ständig kritisiert wurde und dem er nie etwas recht machen konnte. Diese Verletzung von früher sitzt tief. Und jedes Mal, wenn ein Kunde, Mitarbeiter oder Kollege ihn an diesem »wunden Punkt« trifft, reißt er damit die alte Wunde wieder auf und aktiviert das Abwehrprogramm eines Menschen, das sich verselbstständigt. Der Abteilungsleiter ist in diesen Augenblicken nicht mehr Herr seiner selbst, hat sich und seine Reaktionen nicht mehr im Griff.

Wie auch dieses Beispiel zeigt, ist der »wunde Punkt«, der bei jedem von uns an einer anderen Stelle liegt, eine chronische Wunde aus unserer Vergangenheit, die eine Narbe auf der Seele hinterlassen hat. Wird sie bewusst oder unbewusst berührt, schmerzt sie immer wieder neu und meist reagieren wir darauf mit einer Überreaktion. Oft sind es verinnerlichte Überzeugungen aus der Vergangenheit, die eine Kränkung auslösen können: *»Ich bin unfähig. Ich bin ein Versager.«* Jeder Tag im Leben wird zur Qual, wenn man so wenig von sich hält.

Unser Mangel an Lebensfreude hängt auch damit zusammen, dass wir meinen, nicht so leben zu können, wie wir wollen, weil wir eben nicht so sind, wie wir sein sollten. Aber wie sollten wir denn sein? Wer gibt das Maß an, nach dem wir uns ausrichten müssen? Hier liegt unser eigentlicher »wunder Punkt«, denn die meisten von uns haben nur unzureichend gelernt, selbst zu wissen und zu entscheiden, was gut für uns ist. Allzu leicht lassen wir unsere Umgebung bestimmen, was für uns gut und richtig ist, übernehmen Normen und Verhaltensweisen, an denen wir uns ängstlich ausrichten. *Die Problemzone unseres »wunden Punktes« können wir nur dadurch überwinden, indem wir die Angst verlieren, uns auf uns selbst einzulassen und uns mit unseren Schwächen und Stärken zu akzeptieren.*

Solange der »wunde Punkt« noch vorhanden ist, wird er immer wieder aufbrechen – auch wenn wir uns noch so sehr bemühen, mögliche Auslöser zu vermeiden. *Man kann eben nicht auf Dauer vor sich selbst davonlaufen.* Der bessere Weg wäre der, die alten Baustellen der Vergangenheit endlich zu schließen. Das tun wir jedoch meist nicht. Stattdessen umfahren wir sie einfach. Das funktioniert jedoch nur vordergründig, denn vor dem Leben kann man sich nicht verstecken (siehe Teil 3, Kapitel 6: Das Erkennen des »wunden Punktes«).

2.3. Negative Erlebnisse in Kindheit und Jugend

Kränkungen schmerzlichster Art gibt es schon in der Kindheit. Viele von uns haben bereits in dieser Lebensphase emotionales Leid erfahren, nicht weil die Eltern uns absichtlich Böses zufügen wollten, sondern weil sie aus unterschiedlichen Gründen nicht in der Lage waren, Liebe, Zuwendung, Geborgenheit und Zärtlichkeit in ausreichendem Maße zu geben.

Oft ist zu beobachten, dass Eltern, ohne dass es ihnen bewusst sein muss, ihre Kinder nicht in gleichem Maße lieben. Die jüngere Tochter, das »Sonnenscheinchen« mit den blonden Haaren und den blauen Augen, das alle so lieben, wird auch von den Eltern der älteren Schwester, die das Pech hat, weniger gut auszusehen, vorgezogen. Zwar hat man der »Großen« schon immer mehr Verantwortung aufgebürdet, aber so sehr sie sich auch bemüht, die Anerkennung ihrer Eltern zu erringen, muss sie doch erkennen, dass diese die kleine Schwester mehr lieben.

Besondere Empfindlichkeiten, Eifersucht, Minderwertigkeitsgefühle sind einige der Folgen bei den benachteiligten Geschwistern und diese Gefühle graben sich in die Seele ein, für ein ganzes Leben!

Die Seele der Kinder ist weich und formbar *und nichts wird von ihr vergessen* oder kann später noch geändert werden. Denken Sie an eine Vase, die aus Ton geformt wird. Nachdem sie gebrannt worden ist, behält sie ihre Form für immer.

Wir wachsen auf und müssen erkennen, in einem Teufelskreis gefangen zu sein: Die gekränkte Seele versucht oft, ihre Leiden durch Kränkung anderer zu lindern, was wiederum neue Kränkungen zur Folge hat. Wieder fügen andere uns Schmerzen zu. Wir werden verlassen, ungerecht behandelt oder betrogen. Und immer wieder scheint sich das Szenario zu wiederholen. Aus scheinbar unerfindlichen Gründen erleben wir erneut die gleichen Dramen, wählen Partner, die uns schlecht behandeln, und sehen keine Möglichkeit, aus diesem Teufelskreis auszubrechen.

Als Beispiel für Kränkungen in der Kindheit und ihren Einfluss auf das weitere Leben sei hier kurz der Märchenautor *Hans Christian Andersen* dargestellt:

Die meisten verbinden den Namen Hans Christian Andersen mit weltberühmten Märchen wie *»Das hässliche Entlein«, »Die kleine Seejungfrau«, »Die Prinzessin auf der Erbse«* oder *»Des Kaisers neue Kleider.«* Er war aber nicht nur ein Märchenerzähler, sondern auch Romanautor.

Hans Christian Andersen wurde am 2. April 1805 in Odense auf der dänischen Insel Fünen geboren. Sein ganzes Umfeld war geprägt von asozialem Hintergrund: Alkoholismus, Irrenhaus, Armenschule, das Zuchthaus gleich in der Nachbarschaft.

Sein Anfang in Dänemarks Hauptstadt Kopenhagen war noch bitter. Er trieb sich in Kaschemmen herum und hungerte. Andersen versuchte es beim Theater: als Schauspieler, als Verfasser von Tragödien. Sein Glück war, dass sich ein Beamter der Theaterdirektion seiner erbarmte und ihn erst einmal auf die Schule schickte. Hier musste der Achtzehnjährige mit zwölfjährigen Zöglingen die Schulbank drücken, was eine weitere Kränkung war. Die

Schule und ihr sadistischer Rektor, bei dem er auch noch wohnte, gaben dem sensiblen jungen Mann seelisch den Rest.

Nach der Schule war Andersen nicht mehr zu bremsen, Buch um Buch erschien, Romane, Reiseerzählungen und Theaterstücke. Seine Märchen brachten ihm dann den ungeahnten Durchbruch. Trotzdem blieb Andersen auch auf der Höhe seines Ruhmes ein Rastloser und Umherirrender. Er wurde nicht heimisch in den Kreisen, die ihn europaweit gönnerhaft empfingen. Stets haftete ihm das ungute Gefühl an, dass er eigentlich in den sozialen Unterstand gehörte. Ständig witterte er Kränkungen und Zurücksetzungen und schützte sich mit Stolz und Eitelkeit davor. Immer wieder hatte er *hypochondrische Anfälle*, die ihn sogar in *Depressionen* verfallen ließen. Die Idylle seiner Märchen waren Scheinwelt und Selbsttherapie zugleich.

Lebenslang machte ihm seine Gesundheit zu schaffen. Seine Tagebücher lesen sich wie Krankengeschichten. Er fühlte sich dauernd reizbar, schlechter Laune, trübsinnig, unglücklich, oft impulsiv und fürchtete, wie seine Großeltern verrückt zu werden.

Bis zuletzt blieb Hans Christian Andersen auf die Gunst seiner Gönner angewiesen: Trotz seines Erfolges zu Lebzeiten brachten seine Werke nicht genug Geld ein, dass er davon hätte leben können.

In der Tat, Hans Christian Andersen hatte eine schwere Jugend in Armut, dennoch gelang ihm eine glänzende Karriere als Schriftsteller. *Die Kränkungen und Mühen seiner Jugend konnte er trotzdem nie vergessen.* Viele der bedrückenden Momente seiner Biographie sind in sein Werk *»Nur ein Spielmann«*[1] eingeflossen. Als dieser Roman 1837 erschien, war Andersen 32 Jahre alt, auf dem Weg nach oben, doch die Angst, er könnte scheitern, ließ ihn nie los. Diese Angst schrieb er in den Spielmann-Roman hinein, dessen Held, der Geiger Christian, erbärmlich untergeht. Das Buch war ein großer Erfolg.

In diesem Roman geht es um die Rolle des Künstlers als Außenseiter oder Mitglied der bürgerlichen Gesellschaft. Andersen hatte alles das, was in seinem Roman thematisiert wurde, am eigenen Leib erfahren. Auch sein Held Christian ist ein armer, vom Vater verlassener Schustersohn. Vom Stiefvater wird ihm die Geige weggenommen, damit er die Familie nicht mit seinen höheren Talenten stören kann.

»Stumm schlich sich Christian hinaus in die Scheune, legte sich ins Heu und weinte, bis der Schlaf ihm seinen tröstenden Kuss gab und er von längst vergangenen Tagen träumte, als sein Vater noch von den schönen Ländern erzählt und der Pate gesagt hatte, dass in seiner Hand die Geige zu einer Rose werden und er damit sein Glück machen würde.«

Nach seinen belastenden Kindheitserfahrungen wird Hans Christian Andersen zum verzagten Träumer. Er wagt sich zwar in die Welt hinaus, um sein Glück zu suchen, aber er bringt nicht die Entschiedenheit auf, sich allein mit seinem Künstler-Talent gegen die raue Welt durchzusetzen.

»Sehr oft mangelt es der Umgebung an Verständnis für das Eigentümliche oder überwiegend Gute, das eine edle, begabte Seele zum Gegenstand des Spotts und der Zurücksetzung macht. Oft tritt der Esel auf die schönste Blume und der Mensch auf das Herz seines Bruders.«

Der Roman »Nur ein Spielmann« lässt erkennen, mit wie viel Bitterkeit Andersen zu kämpfen hatte. Es ist durchaus denkbar, dass er später zur Form der Märchen fand, um den bitteren Kern, den es ja auch dort oft gibt, besser zu verkleiden.

Widersprüchlich war das Leben von Hans Christian Andersen. Er wurde massiv zurückgewiesen und verspottet – und doch schrieb er: *»Mein Schicksal hätte nicht glücklicher, klüger und besser geleitet werden können.«* Er war eitel und egozentrisch – und doch offenbart er sein Mitgefühl mit Kindern und Benachteiligten der Gesellschaft.

Mit seinen Märchen richtete er sich an die Kinder und er verstand es, die Sprache der Kinder zu sprechen. Vor allem lassen seine Werke viel Raum für die kindliche Gefühlswelt – mit all ihrer Einsamkeit, Sehnsucht und Trauer. Diese Gefühlswelt war auch dem innerlich zerrissenen Andersen nicht fremd.

Jeder kennt Andersens Märchen vom *hässlichen jungen Entlein*, aber wenige wissen, dass der Dichter darin sein eigenes Leben beschrieben hat. Andersen sah mit seinen herumschlenkernden langen Gliedern, großen Füßen, einer riesigen Nase und gelbem Haar tatsächlich nicht besonders vorteilhaft aus. Balletttänzer, Sänger und Schauspieler wollte er werden. Aufgewachsen in der Gosse, ohne Schulbildung und Chancen, stieg er zum prominentesten Dichter Skandinaviens auf, dessen Werke heute in mehr als hundert Sprachen übersetzt sind. Wie sensibel sich Andersen darauf verstand, Kränkungen und Schmerzen in Literatur zu verwandeln, offenbart etwa die Geschichte *»Tante Zahnweh«*. Auch das Motiv des Todes findet sich oft in Andersens Werk – das Gedicht *»Das sterbende Kind«* war sogar sein erster ins Deutsche übersetzter Text.

Zeitlebens buhlte er um Anerkennung und Ruhm, sammelte Orden, erzählte in allen Details, wo er zu Gast gewesen und geehrt worden war. *Die kleinste Kritik verursachte ihm schlaflose Nächte.* Er klagte endlos über Kränkungen und Unpässlichkeiten. Hans Christian Andersen war wohl nur selten wirklich glücklich – aber er hat unzählige Menschen, Kinder und Greise, mit seinen Märchen glücklich gemacht. Er konnte im unbefangenen Märchenton gesellschaftliche Strukturen bloßstellen. Keine von seinen Geschichten, die Angeberei, Hochmut und die Allüren der Mächtigen aufs Korn nehmen, ist so bekannt geworden wie *»Des Kaisers neue Kleider«*.

Kinder können – wie die Biographie von Hans Christian Andersen aufgezeigt – aufgrund des Milieus oder aber auch aufgrund der Zeit, in die sie geboren wurden, mit Kränkungen aller Art konfrontiert werden. Dabei denke ich an die Generation der Kinder des Zweiten Weltkrieges, die Schreckliches erlebt hat. Diese Kriegskinder von einst sind eine »traumatisierte, gezeichnete Generation«. Die Spätfolgen dieser schlimmen Kindheitserfahrungen zeigten sich bei vielen oft erst nach dem Eintritt ins Rentenalter. Die verdrängten Bilder ihrer Kindheit holen sie wieder ein. Da die einstigen Kriegskinder mit niemandem über das Furchtbare, das sie erlebten, sprechen konnten – die Eltern dieser Kinder waren ebenfalls traumatisiert und froh, mit dem Leben davongekommen zu sein –, versuchten viele von ihnen in einer Art Selbsttherapie, sich ihre grauenvollen Kriegserlebnisse von der Seele zu schreiben.

Schlimm waren auch die Erfahrungen von Kriegskindern mit ihren »fernen, fremden Vätern«, die verroht und persönlichkeitsgestört aus dem Krieg zurückkehrten.

Gernots Trauma bestand weniger in den Bombennächten und den Entbehrungen des Krieges, es begann, als sein Vater aus dem Krieg zurückkam. Alle freuten sich und redeten auf ihn ein: *»Freu dich, Papa ist aus dem Krieg zurückgekommen.«* Aber der brachte auch viel mit aus diesem Krieg, vor allem Härte und Strenge und all das, was ihn zu diesem Soldaten gemacht hatte, und das hatte Gernot zu spüren bekommen, die Kasernenhofparolen und rigiden Befehle, ohne Wenn und Aber, und fragen war nicht erlaubt. Dann gab es sofort Prügel und Stubenarrest.

Sein Vater, ein zerstörter Mensch, ein körperlich und seelisch verwundeter Kriegsheimkehrer. Als überzeugter Nationalsozialist war er erschüttert über den Niedergang des Dritten Reiches. Bedingungslosen Gehorsam im blinden Glauben an den Führer hatte er als junger Soldat gelernt. Seine Gefühle wurden weggedrillt. Für ihn waren »deutsche Tugenden« Gesetz. Mit Gewalt wollte er diese auch seinem Sohn einbläuen.

Gernot:
»Ich war sieben Jahre alt, als mein Vater aus dem Krieg zurückkehrte und habe ihn als Eindringling angesehen und abgelehnt. Er war ein Fremdkörper für mich, weil er die Idylle zwischen mir und meiner Mutter zerstört hat. Statt Geduld mit mir zu haben und mich mit Liebe zu gewinnen, bediente sich mein Vater des Stockes, um mich gefügig zu machen. Er wollte mich drillen, so wie er es gelernt hat. Mit der Stoppuhr kontrollierte er die mir aufgetragenen Aufgaben. Zäh wie Leder, hart wie Kruppstahl sollte ich werden und vor allem kein »Weichei«. Seine Brutalität hat meinen Hass auf ihn nur noch verstärkt. Eine lebenslange Vater-Sohn-Problematik war die Folge. Bis zu seinem Tod, den ich als Befreiung empfand, habe ich keine richtige Beziehung zu meinem Vater aufbauen können.«

Auch Hilke Lorenz ist Kriegskind, das sich ihre Leiden von der Seele geschrieben hat: *»Kriegskinder. Das Schicksal einer Generation«*. Sie hat mit über 40 ehemaligen Kriegskindern in ganz Deutschland gesprochen, über ihre Angst von damals, ihre Trauer über tote oder verschollene Eltern.

Für das Trauma der Kinder war in den Nachkriegsjahren weder im Osten noch im Westen Platz. Man hatte froh zu sein, überlebt zu haben. Einerseits der Aufschwung und andererseits das allgemeine deutsche Schuldgefühl erlaubten kein Klagen und keine Trauer. Schweigen, verdrängen, bagatellisieren waren Hilfsmittel.

Auch der Film von Tina Soliman *»Sei froh, dass du lebst! – Kriegskinder erinnern sich …«*, der am 3. März 2005 vom MDR gesendet wurde, thematisiert das Trauma der Kriegskinder. Der Film geht der Frage nach, wie die Kriegs- und Nachkriegserlebnisse das

Leben von Kriegskindern beeinflussten. Im Film kommen einige Kriegskinder zu Wort, um über das Erlebte zu sprechen, und werden auch danach gefragt, wie das Erlebte und wie der Krieg das weitere Leben geprägt hat.

Der Film wie auch viele Erlebnisberichte betroffener Kriegskinder zeigen, dass der Krieg nicht nur Waisen, sondern auch emotionale Kriegswaisen zurückließ. Viele Kriegskinder litten vor allem an einer emotionalen Kälte, die in den Familien herrschte. Die meisten Eltern haben sicherlich ihr Bestes getan, aber auch sie haben unter dem Krieg gelitten und sich verändert und konnten die Bedürfnisse ihrer Kinder nicht erfüllen.

Viele Kriegskinder wurden betrogen um das Paradies einer unbeschwerten Kindheit. Es waren Jahre voll Trauer und Leid, aber ihr Leiden wurde nicht als Leid wahrgenommen. Es ging ums nackte Überleben, Gefühle waren dabei hinderlich. Alle Kraft wurde für den Wiederaufbau gebraucht. Wichtig war in dieser Zeit, ein Dach über dem Kopf und etwas zu essen zu haben. Die Seele aber blieb dabei häufig auf der Strecke.

3. Reaktionen auf Kränkungen

Obwohl die Menschen, die von Kränkungen betroffen werden, sehr verschieden sind, gibt es doch nur wenige, typische Reaktionsmuster. Welche Reaktion ein Gekränkter »wählt«, hängt von der Art der Kränkung und der seelischen Befindlichkeit des Gekränkten ab.

Kränkungen lösen Ohnmacht und Lähmung aus. Normalerweise würden wir uns kontrolliert überlegen, welches Verhalten im Moment der tiefen Verletzung sinnvoll wäre, ohne diese Verletzung dem anderen zurückzugeben. Wir könnten ihm beispielsweise sagen, dass uns seine Bemerkung sehr verletzt hat oder dass wir ärgerlich sind oder eine Entschuldigung erwarten.

Um so souverän reagieren zu können, müssten wir wissen, was wir fühlen und was wir dazu brauchen. Aber gerade diese Wahrnehmung ist bei Kränkungen getrübt, was dazu führt, dass wir keine wirkliche Wahlmöglichkeit mehr zu haben scheinen.

Stattdessen verhalten wir uns »reflexartig«, je nach Veranlagung, auf eine der folgenden Weisen:

1. Wir entscheiden uns für den Rückzug.
2. Wir gehen zum Gegenangriff über.
3. Wir bleiben passiv in der Opferrolle.

Zu 1: **Der Rückzug**
Den meisten Menschen ist nicht bewusst, dass *Kontaktabbrüche* die negativen Einstellungen zueinander und zu sich selbst zementieren. Besser wäre es, vielleicht für eine gewisse Zeit auf Abstand zu gehen, die Tür aber nicht völlig zuzuschlagen, damit einer späteren Versöhnung nichts im Wege steht.

Kontaktabbruch heißt, dem anderen *»die kalte Schulter«* zu zeigen, ihn *»mit Verachtung zu strafen«*. Man sagt: *»Der ist für mich gestorben, mit dem bin ich fertig, mit dem will ich nichts mehr zu tun haben.«* In der Familie ist es der Kontaktentzug: Man reagiert mit Schweigen und Liebesentzug. Doch die Abwendung vom Kränkenden ist nicht die Lösung, denn auch wenn wir mit ihm nichts mehr zu tun haben, sind wir doch innerlich noch mit ihm beschäftigt und das oft heftiger und länger, als uns lieb ist. *Wir werden in belastender Weise an den Kränkenden gebunden und der hat damit weiter Macht über uns.* Beim Gekränkten verbindet sich nicht selten Wut mit Verachtung, die Folge ist Destruktivität, Gnadenlosigkeit und Trotz. Der Gekränkte wendet sich ab, »spielt« nicht mehr mit und verweigert sich damit. Doch die Wut infolge einer Kränkung löst das Problem nicht, sondern sie zerstört allenfalls die Beziehung zum anderen, oft sogar vorsätzlich.

Zu 2: **Der Gegenangriff**

Der Gekränkte will in seiner Enttäuschung den anderen verletzen, ihn treffen, ihm so viel Schmerz zufügen, wie er selbst erlitten hat. Und dieser Gedanke erfüllt ihn mit Genugtuung. Wahrscheinlich kennen Sie den Spruch: *»Rache ist süß«.* Sie verschafft dem Gekränkten die Illusion, die verloren gegangene Kontrolle zurückzugewinnen. Rache aber ist Aggression nach außen, wodurch der Gekränkte sich stärker und selbstbewusster fühlt. Er gibt erlittene Aggressionen und Verletzungen zurück (Auge um Auge, Zahn um Zahn).

Dabei reagieren wir die erlittene Kränkung nicht dort ab, wo sie ursprünglich entstanden ist, sondern bei Unbeteiligten. Wir reden schlecht über diesen Menschen, der uns gekränkt hat, schimpfen und sinnen auf Rache.

Für manche wird Rache sogar zur Lebensaufgabe. Alles Denken und Fühlen kreist immer und immer wieder um das erlittene Unrecht und denjenigen, der es verursachte. In dieser Spirale wird das »Opfer« zum Gefangenen seiner negativen Gefühle. Der Gekränkte unterliegt dem Irrtum, indem er seine Rachegelüste aufgebe, behalte der Kränkende »Oberwasser« und komme ohne Strafe davon. Häufig habe ich von gekränkten Menschen den Satz gehört: *»Ich habe so gelitten, dass ich nicht vergeben kann.«*

Was kann man tun, wenn eine Situation so hoffnungslos verfahren ist? Vor allem muss die Erkenntnis stehen, dass Rache keine Lösung ist, und es muss die Bereitschaft aufgebracht werden, nach einer besseren Lösung zu suchen. Darüber hinaus müssen Konfliktparteien auch bereit sein, ihren Stolz zu überwinden und über ihren eigenen Schatten zu springen. Und gerade das ist so schwer, weil wir, die großzügig die Hand zur Versöhnung reichen, fürchten, am Ende als Verlierer dastehen zu können, was eine zusätzliche Kränkung wäre.

Zu 3: **Die Opferrolle**

Neben Scham und Wut ist *Schmerz* eine weitere emotionale Reaktion auf Kränkungen und statt eine Enttäuschung zu betrauern, flüchten viele Gekränkte in *Selbstmitleid*. Man gefällt sich in der Opferrolle.

Wer als Erwachsener überhöhte Anforderungen nach Anerkennung, Akzeptanz und Achtung hat, entbehrte vermutlich gerade das in seiner frühen Kindheit. Wer dagegen früh in seinem Leben positive Erfahrungen machen konnte und das Gefühl bekam, liebevoll angenommen zu sein, wird im Erwachsenenalter weniger auf äußere Zuwendung angewiesen sein, sondern seine Zuversicht und sein Selbstvertrauen werden ihm die Unterstützung geben, die andere unbedingt von außen benötigen und erwarten. Sobald diese Erwartungshaltung von außen nicht erfüllt wird, gerät das Leben solcher Menschen oft aus dem Lot.

Wenn man es zulässt, dass sich Kränkungen in der Seele festsetzen, anders gesagt, wenn keine Klärung zwischen den Beteiligten herbeigeführt wird, kommt zu einer *»Kränkungsspirale«*.

Beispiel:
Drei Nachbarinnen sind locker befreundet.

A. kränkt B. unbewusst, d.h. ohne es zu wollen.

B. rächt sich indirekt, indem sie sich bei C. über A. beschwert.

C. informiert A. davon, was B. über A. gesagt hat. Von diesem Gespräch erfährt natürlich B. nichts.

A. ist nun auch gekränkt, da sie sich die Kränkung von B. nicht erklären kann, und rächt sich an B., indem sie es B. durch eine geschickte Terminumstellung unmöglich macht, zum nächsten Kaffeeklatsch zu kommen.

B. fühlt sich nun bestärkt in ihrem Gefühl, von A. abgelehnt zu werden, und zieht sich von A. und C. zurück.

A. und C. verstehen B. nun überhaupt nicht mehr und akzeptieren, dass B. sich ausgeschlossen hat.

Die Beziehung ist zerstört.

4. Psychosomatische Folgen nicht verarbeiteter Kränkungen

Sie kennen wahrscheinlich diese Redewendungen:

»Etwas geht unter die Haut«,
»mir liegt etwas im Magen«,
»sich etwas zu Herzen nehmen«,
»da schwillt mir der Kamm«,
»die Galle läuft mir über«,
»das Herz wird jemandem schwer«.

Es sind Redewendungen, die Schlüsse auf die enge Verknüpfung zwischen seelischem Befinden und körperlichen Erkrankungen zulassen.

Eine Kränkung ist immer eine emotionale Verletzung, sie belastet unsere Seele. Wenn die seelischen Verletzungen einen bestimmten Grad bei einem Menschen übersteigen, reagiert der Körper mit Symptomen von Krankheiten. Es scheint, als ob er uns warnen wollte: *»Es ist etwas in deinem Seelenhaushalt nicht in Ordnung, regele das, ich mache sonst nicht mehr mit.«*

Wie bereits im Vorwort erwähnt, fand bereits Hildegard von Bingen den psychosomatischen Zusammenhang heraus: *»Was kränkt, macht krank!«*

Zu welchen Krankheitsbildern und Krankheiten es in der Folge seelischer Verletzungen kommt, ist sehr unterschiedlich:

Was mir *auf den Magen schlägt*, kann mir auf Dauer Magen-Darm-Erkrankungen bescheren. Wenn ich mir *zu viel aufladen* lasse, kann ich Rückenschmerzen bekommen. Wenn ich mir *zu viel zu Herzen nehme*, kann es zu Herz-Kreislauf-Erkrankungen kommen.

So erzählte eine ältere Frau:
»Vergeblich wartete ich im Altersheim an meinem Geburtstag auf den Besuch meiner Kinder und Enkel. Alle waren zu beschäftigt, hatten keine Zeit für eine alte, einsame Frau. Erst am Abend erhielt ich dann einen kurzen Gruß am Telefon mit den gewohnten Ausreden. In der folgenden Nacht bekam ich einen Angina-Pectoris-Anfall. Erst intensivmedizinische Maßnahmen halfen, meine Herzbeschwerden zu mildern. Die Enttäuschung und Verbitterung hatte mir buchstäblich das Herz abgeschnürt.«

Die *Haut* gilt als Spiegel der Seele:
Wir wechseln die Farbe, erröten vor Scham, werden blass vor Schreck, reagieren mit Angstschweiß und möchten gelegentlich aus der Haut fahren. Psychische Einflüsse können die Haut strapazieren, allergisch »überreagieren« lassen. Als Auslöser von Hautkrankheiten, wie z. B. Schuppenflechte (Psoriasis), Neurodermitis und Nesselsucht, sind Konflikte, Ängste, Kränkungen und die Verluste wichtiger Bezugspersonen bekannt.

Die Haut ist das größte Organ unseres Körpers und sie ist mit vielen Aufgaben ausgestattet. Sie ist beispielsweise die Grenze zwischen innen und außen, Schutzschild und Abwehrorgan vor Eindringlingen und sie hat wichtige Stoffwechselfunktionen zu erfüllen. Sie ist Träger des Tast-, Schmerz- und Temperatursinns und sorgt durch ihre Anpassungsfähigkeit dafür, dass wir uns unterschiedlichen Situationen anpassen können.

Bei manchen Menschen ist die *Haut* das Organ, das uns dadurch auf eine Störung des seelischen Gleichgewichts hinweist, dass es die ihr zukommenden Aufgaben nicht mehr optimal erfüllt.

Die bedeutendste aller Hauterkrankungen, bei der psychische Einflüsse beobachtet wurden, ist die *Neurodermitis*. Eine Häufung kritischer Lebensereignisse wird als Auslöser eines Neurodermitis-Schubs vermutet und alltäglichen Belastungen kommt große

Bedeutung für den Hautzustand zu. Bei Neurodermitis-Patienten sind Angst, Aggression und Depression als Mitverursacher bekannt.

Stärker noch ist die *Schuppenflechte (Psoriasis)* verbreitet, die eine starke genetische Komponente aufweist, also in bestimmten Familien gehäuft vorkommt und bei seelischen Belastungen mit einem neuen Schub von Hautentzündungen reagiert.

Bei der Psoriasis (Schuppenflechte) sind große Teile der Haut stark gerötet und mit den silbrig glänzenden Schuppen bedeckt. Die natürliche Hornbildung der Haut ist übersteigert. Sie erinnert häufig an eine *Panzerbildung*. Hierbei wird die natürliche Schutzfunktion der Haut zur Einpanzerung umfunktioniert – *man grenzt sich in jeder Richtung ab*. Psoriasis (Schuppenflechte) ist das Ergebnis psychischer Abwehr und Abkapselung. Hinter jeder Art der Verteidigung steckt *Angst vor dem »Verletztwerden«*. Je größer die Abwehr und je dicker der Panzer eines Menschen ist, umso größer sind seine innere Empfindlichkeit und seine Angst vor Verletzung. Viele Psoriasis-Patienten äußerten, dass Stress die Beschwerden verstärkte.

Es ist hier wie im Tierreich. Man nehme einem Schalentier die Schale weg und man findet ein schutzloses, weiches, verletzbares Etwas. Die Menschen, die in ihrer abwehrenden Art nichts und niemand an sich heranlassen, sind in Wirklichkeit meist die empfindsamsten. Diese Erfahrung meint auch der Ausspruch, dass in *»einer rauen Schale meist ein weicher Kern«* steckt. Doch der Versuch, die Verwundbarkeit der Seele durch einen Panzer zu schützen, besitzt eine gewisse Tragik. Zwar schützt ein Panzer vor Verwundung und Verletzung, doch er verhindert gleichzeitig, sich zu öffnen, weil das den unbewussten Selbstschutz aufgeben würde. Das Erkennen des Zusammenhangs zwischen der hohen Verwundbarkeit und der Panzerung ist wichtig, weil dadurch Betroffene gezwungen werden, sich wieder mehr zu öffnen, auch auf die

Gefahr hin, dadurch verwundbar zu werden. Wer sich aus falsch verstandenen Selbstschutzgründen und aus Angst vor erneuter Verletzung nicht öffnet, bringt sich darum, auch das Schöne erleben zu können.

Agnes, 57:
»Ich habe erkannt, dass meine Haut (Schuppenflechte) ein Spiegel der Seele ist. Um diese Krankheit zu bekämpfen, gibt es keinen Zaubertrank, kein schnelles Wundermittel. Der Weg zur Heilung beginnt meiner Erfahrung nach über der Selbsterkenntnis, sich die Lust am eigenen Leiden abzugewöhnen. Ich erkannte, dass es nicht die kleinen Symptömchen sind, die die Schuppenflechte zum Blühen bringen, sondern das Leben, das man führt. Wer diese Krankheit loswerden will, muss damit beginnen, sein Leben zu verändern. Wer sein Leben verändern will, muss erst einmal feststellen, wie er sein Leben überhaupt erlebt. Ich habe erkannt, dass ich nicht alles hinunterschlucken muss, was einem an täglichem Ärger geboten wird. Muss man sich für andere aufopfern, nur um schmerzlich festzustellen, dass das Opfer gar nicht angenommen wird? Diese Erkenntnis hat mich dazu geführt, aufzuhören mit dem Krankspielen, dem Krankseinwollen, denn andere nahmen das sowieso nicht zur Kenntnis. Wenn Selbsterkenntnis der erste Weg zur Besserung ist, dann sollte man diesen Weg begehen. Ich habe erfahren, dass es nicht einfach ist, den richtigen Arzt zu finden, denn Schuppenflechte ist keine Krankheit, sondern ein Laster und das kann man sich abgewöhnen.«

Andrea, 38:
»Ich bin dreimal beim Arzt gewesen und habe dreimal nur geredet und nicht zugehört, nur einen Satz nahm ich wahr: ›Sie müssen mithelfen, Sie müssen Ihr Leben verändern, alles, was Ihren Kopf rot macht, verschlechtert Ihren Zustand.‹ Irgendwann begann in mir eine große innere Veränderung. Es wurde alles anders. Fast alle

äußeren Erscheinungsformen der Psoriasis sind seitdem verschwunden. Ich habe gelernt, dass es nicht reicht, sie heilen zu wollen, man muss sie sich abgewöhnen, bekämpfen wie ein Laster. Es muss einen glücklich machen, zu wissen, dass man gesund ist, solange man sich selbst im Griff hat. Ich habe vor lauter Erfolgshunger die Psoriasis einfach nicht zur Kenntnis nehmen wollen und das, was man unter Liebe versteht. Nachdem ich erkannt habe, dass jeder Mensch die Liebe anderer Menschen braucht, und sie zulassen konnte, ging es mir besser. Ich habe alles gefunden. Genau genommen kann sich jeder nur selbst helfen, indem er mit durchgreifender Härte alles bekämpft, was ihm schadet. Betroffene müssen damit rechnen, ihren Beruf zu wechseln, wenn es notwendig ist, sogar aufzugeben, ihr Recht in Anspruch zu nehmen, auch in ihrer Familie ernst genommen zu werden oder etwas zu verändern. Und schließlich müssen Betroffene sich selbst sehr viel ernster nehmen und lernen, sich selbst zu lieben. Ich habe begriffen, dass mein Ausstieg aus der Duldungs- oder Opferrolle und der Beginn einer gesunden Eigenliebe der Start in ein neues Leben für mich war.«

Es hat sich gezeigt, dass die Chancen für ein Leben mit weniger Belastung und längeren beschwerdefreien Intervallen zwischen zwei Krankheitsschüben für viele Betroffene größer sind, wenn neben der körperlichen Behandlung auch das psychische Krankheitsbild einer Therapie unterzogen wird.

Damit aber tun sich viele Patienten recht schwer, weil sie nicht erkennen wollen, dass ihre Krankheit auch etwas mit ihrem Seelenzustand zu tun hat. Manche wehren sich gegen die empfohlene Psychotherapie, weil sie die lieb gewordene Vorstellung, ihre Hauterkrankung beruhe allein auf einer Allergie, nicht aufgeben können, und sie kommen zum Arzt mit der Gewissheit, körperlich krank und seelisch gesund zu sein.

Sigrid, 54:
»Ich leide seit meiner Heirat an Psoriasis (Schuppenflechte). Angefangen hat es am Kopf, da kann man es ja noch einigermaßen verstecken. Später fing es an, sich auf meinem Körper auszubreiten. Erst als ich erkannte, dass ich aus der Opferrolle aussteigen und Verantwortung für mich übernehmen muss, änderte sich sehr viel für mich und ich konnte mich wohler fühlen: Es bringt nichts, die Krankheit zu verstecken. Wenn ich selbstbewusst dazu stehe, gehen auch andere selbstverständlicher damit um. Für eine Frau ist es noch schwerer als für Männer, sich in intimen Situationen völlig gehen zu lassen und zu genießen. Immer wieder schießt der Gedanke durch den Kopf, ob man trotzdem noch erotisch oder attraktiv genug wirkt. Ich habe gelernt, zu meinem Körper und der Psoriasis zu stehen und es geht mir gut damit.«

Ellen, 49:
»Ich habe einen Mann geheiratet, der ein enges Verhältnis zu seinen ebenfalls verheirateten zwei Brüdern pflegt. Aber ich empfinde, dass ich die Einzige bin, die in diesem Familienverbund nicht wirklich anerkannt wird. Immer wieder erfahre ich von allen Seiten Kränkungen und bekomme gesagt oder gezeigt, dass ich nicht in dieses Familiensystem passe. Seitdem ich verheiratet bin, leide ich unter Schuppenflechte. Mein ohnehin nicht besonders ausgeprägtes Selbstbewusstsein bekommt bei jeder neuen Kränkung dann jedes Mal eine ordentliche Schlagseite. Allmählich fühle ich mich genauso, wie ich behandelt werde, als absolutes Nichts.

Ich habe Unmengen von Hautärzten verschlissen, eine Therapie nach der anderen gemacht, die ganze Palette möglicher Medikamente ausprobiert. Nichts, was ich vom Arzt bekommen habe, hat geholfen. Irgendwann kam ich dahinter, dass ich mich in meiner Haut nicht wohl fühle und dass meine Krankheit mir etwas sagen will. Ich habe eine Kur gemacht, Abstand von den kranken Beziehungen gewonnen und begriffen, dass ich etwas verändern, einen Rahmen schaffen muss, in dem ich mich wieder wohl fühle. Aber noch fehlt mir dazu die Kraft.«

Kränkungen sind wahrscheinlich nicht alleinige Ursache von Krankheiten. Aber sie können den Ausbruch einer latent oder genetisch vorhandenen Krankheit verursachen.

So war es bei Anne, 57:
»Meine chronische rheumatische Erkrankung (chronische Polyarthritis) begann schlagartig mit einem rheumatischen Schub, als ich gerade 4 Wochen verheiratet war. Ich hatte gegen den Willen meiner Eltern einen Mann geheiratet, vor dem sie mich gewarnt hatten. Eigentlich kannte ich ihn nur von sonntäglichen Spaziergängen. Als ich dann verheiratet war und mit ihm zusammenlebte, lernte ich ihn wirklich kennen: Mein Ehemann erwies sich als krasser Egoist und Despot, dem ich nichts recht machen konnte. Er dominierte, unterdrückte und kränkte mich. Er entpuppte sich als regelrechtes Ekelpaket. Mit mir hatte er ein leichtes Spiel, denn damals war ich erst 21 und in jeder Hinsicht unerfahren. Jede Kränkung traf mich im Mark, weil ich kein Selbstwertgefühl und ihm nichts entgegenzusetzen hatte. Ich dachte oft: ›Und das Ganze, bis der Tod uns scheidet?‹ Was für eine schreckliche Vorstellung. Ich fühlte mich in der Falle: Einerseits wollte ich nicht, dass meine Eltern mit ihren negativen Prophezeiungen Recht behalten sollten, andererseits war es für mich eine Tortur, tagtäglich neben einem so schwierigen Menschen ›aushalten‹ zu müssen. Der Psychostress mit einem Menschen, den man nie etwas recht machen konnte und der mich ständig herabwürdigte, war der Auslöser für eine chronische Erkrankung. Mein Körper zeigte mir über chronische Schmerzen, dass etwas nicht in Ordnung war, was ich eigentlich ändern sollte. Die Anlage für diese chronische Erkrankung hatte ich sicherlich aus der Familie meines Vaters geerbt. Ohne

den Psychostress wäre diese latent vorhandene Anlage vielleicht aber nie zum Ausbruch gekommen. Auch nach meiner Scheidung und der Verbesserung der Situation wurde ich diese Krankheit nie wieder los. Die Abstände der Schübe vergrößerten sich zwar und ich stellte auch fest, dass es Zeiten gab, in denen es mir einigermaßen gut ging. Trat aber Stress in Form von Kränkungen in mein Leben, folgte sofort die ›Strafe auf den Fuß‹ in Form eines erneuten Schubs.«

Zum Schluss noch die Geschichte von Carola:
Drei Geschwister genossen eine unbeschwerte, sorglose Kindheit. Als ihre alte Mutter irgendwann pflegebedürftig wurde, übernahm die unverheiratete Carola die aufwendige Betreuung. Nachdem die Mutter gestorben war, begannen unter den Geschwistern die Streitereien um das Erbe. Die Geschwister wollten Carola nicht für die Pflege entschädigen, sondern führten ins Feld, sie hätte ja kostenlos bei der Mutter wohnen können. Carola war tief gekränkt und voller Groll. Niemals, so schwor sie sich, würde sie ihren Geschwistern diese Ungerechtigkeit verzeihen. Am Ende wurde sie schwer depressiv mit den zugehörigen Symptomen, wie Abgeschlagenheit, Antriebsschwäche, Schlaf- und Essstörungen, Migräne und permanenten Rückenschmerzen.

Teil 2

Kränkungen in der Familie

1. Das System Familie

Ein System ist eine Menge von Elementen, die miteinander in Beziehung stehen. Auch eine Familie kann man als ein System bezeichnen, denn die Familienangehörigen stehen, jeder mit jedem, in einer definierten Beziehung. So gibt es die Relation Kind-Eltern, Großeltern-Enkel, Schwester-Bruder usw. Diese Beziehungen sind die Grundlage für eine mehr oder weniger intensive Kommunikation der Familienmitglieder untereinander.

Wenn Menschen miteinander kommunizieren, besteht grundsätzlich ein Risiko, dabei Fehler zu machen und sich misszuverstehen, und damit eine Quelle für Kränkungen.

Nun lässt sich beobachten, dass bestimmte Beziehungen im System der Familie in diesem Sinne besonders gefährdet sind, d.h., dort treten häufiger Kränkungen auf als in anderen.

Das gilt insbesondere für das Verhältnis von:

Vater und Sohn,
Mutter und Tochter,
Schwiegermutter und Schwiegertochter,
Geschwistern untereinander,
Eltern und erwachsenen Kindern,
Eltern und Kindern zu bestimmen Zeiten, z.B. während der Pubertät.

In der Patchwork-Familie kommt dazu das Verhältnis von:

Kinder der Mutter und neuer Vater (Stiefvater),
Kinder des Vaters und neuer Mutter (Stiefmutter).

In den folgenden Kapiteln werden die einzelnen familiären Beziehungsebenen mit ihren typischen Kränkungssituationen dargestellt.

2. Die Bevorzugung eines Kindes durch die Eltern

Christen kennen die Geschichte vom »verlorenen Sohn«[2] aus dem Lukas-Evangelium: Ein Vater hatte zwei Söhne. Der jüngere ließ sich sein Erbteil auszahlen und verließ sein elterliches Zuhause. Als er alles Geld in der Fremde verprasst hatte und vor Armut hungern musste, besann er sich und sprach: »*Wie viele Tagelöhner hat mein Vater, die Brot in Fülle haben, und ich verderbe im Hunger! Ich will mich aufmachen und zu meinem Vater gehen und zu ihm sagen: Vater, ich habe gesündigt gegen den Himmel und vor dir. Ich bin hinfort nicht mehr wert, dass ich dein Sohn heiße; mache mich zu einem deiner Tagelöhner! Und er machte sich auf und kam zu seinem Vater. Da er aber noch ferne von dannen war, sah ihn sein Vater und es jammerte ihn, er lief und fiel ihm um seinen Hals und küsste ihn.*«

Als der Vater dem zurückgekehrten Sohn ein Festessen bereitet, bekommt er den ganzen Unmut des älteren Sohnes zu spüren: »›*Siehe, so viel Jahre diene ich dir und habe dein Gebot noch nie übertreten und du hast mir nie einen Bock gegeben, dass ich mit meinen Freunden fröhlich wäre. Nun aber dieser dein Sohn gekommen ist, der dein Gut mit Dirnen verprasst hat, hast du ihm das gemästete Kalb geschlachtet.‹ Er aber sprach zu ihm: ›Mein Sohn, du bist allezeit bei mir, und alles, was mein ist, das ist dein. Du solltest aber fröhlich und guten Mutes sein, denn dieser dein Bruder war tot und ist lebendig geworden, er war verloren und ist wieder gefunden.‹«*

Der jüngere Sohn brach vermutlich von zu Hause aus, weil er sich von den Zwängen, dem Erwartungsdruck, der Verantwortung und der Arbeit im Elternhaus erdrückt fühlte.

Der ältere Sohn dagegen hielt aus, dem Druck stand. Aber sein Einsatz wurde am Ende nicht anerkannt und belohnt. Ganz im Gegenteil: Sein gestrauchelter Bruder, der das Zuhause verließ, der darüber hinaus einen zweifelhaften Lebenswandel führte und alles Geld durchbrachte, bekommt alle Liebe seines Vaters. Das ist ungerecht! Bei dem *älteren Sohn* erkennen wir eine verborgene Antihaltung. Man spürt seine Bitterkeit und Verletztheit durch die Ungerechtigkeit seines Vaters an der Art, in der er mit seinem Vater spricht. Er ist eifersüchtig und verletzt, dass sein »Standhalten« nicht gewürdigt wird und er sich beim Vater nicht als der »bessere Sohn« qualifizieren konnte. Er klagt seinen Vater wegen seiner Benachteiligung an, dass er ihm und seinen Freunden nie ein geselliges Mahl bereitet habe.

Wir können viel aus dieser Geschichte von den beiden Söhnen lernen und auf unser Leben anwenden: In jeder Familie gibt es wohl geratene und weniger gut geratene Kinder, »verlorene Söhne« und »verlorene Töchter«. Sie stehen in starkem Kontrast zu den erfolgreichen, fleißigen, vorzeigbaren, ehrbaren Kindern, die auf etwas Geleistetes verweisen können. Sie haben einen tadellosen Lebenslauf, hatten nie zu tun mit Rauschgift, sittlichen Verfehlungen, Diebstahl oder Zeitvergeudung, wie die schwachen, »verlorenen Söhne oder Töchter«, die sie anprangern. Sie sind empört und eifersüchtig, wenn sie merken, dass die »verlorenen Söhne oder Töchter« am Ende mehr Aufmerksamkeit und Liebe von den Eltern erfahren als sie selbst, die doch einen so untadeligen Lebenswandel geführt haben. Diejenigen, die den Eltern keine Schwierigkeiten gemacht haben, reagieren mit Unverständnis und Trauer auf die Überbewertung und Aufwertung derjenigen, die sich alles erlaubt und herausgenommen haben. Das wird als ungerecht empfunden. Derjenige, der am wenigsten geleistet hat, wird am meisten geliebt. Die »guten« Kinder fühlen sich zurückgesetzt und sind unendlich traurig und enttäuscht.

Regina V., 58:
»Ich bin die mittlere von drei Töchtern, ein so genanntes ›Sandwichkind‹, und spürte schon sehr früh, dass ich von meinen Eltern nicht so geliebt und akzeptiert wurde, wie es normalerweise sein sollte. Oft hatte ich sogar das Gefühl, keine Daseinsberechtigung in dieser Familie zu haben. Meine ältere Schwester ist 15 Monate älter, meine jüngere Schwester 16 Monate jünger als ich. Meine ältere Schwester war Mamas Kind, meine jüngere Schwester Papas Kind. Das zeigte sich auch sonntagmorgens, wenn meine beiden Schwestern zu meinen Eltern ins Bett gingen. Für mich war auch hier kein Platz. Ich legte mir unbewusst eine Überlebensstrategie zu, die mir von außen zuführte, was ich zum Überleben brauchte. Im Gegensatz zu meinen Schwestern war ich ein aufgeschlossenes, freundliches Kind, ein Sonnenschein, und erfuhr dadurch von außen Anerkennung, Zuwendung und Aufmerksamkeit. Das wiederum brachte mir den Neid meiner älteren Schwester ein. Als ich in die Schule kam, versuchte ich über außergewöhnliche Leistungen Aufmerksamkeit von meinen Eltern zu bekommen. Obwohl ich von allen Kindern das beste Zeugnis nach Hause brachte, konnte meine Mutter sich nur zu der Bemerkung herablassen: ›Das ist ja nichts, dafür bist du intelligenter und musst dich nicht so anstrengen wie die anderen.‹ Ich hatte im wahrsten Sinne des Wortes keine Chance, von meinen Eltern und meiner Familie positiv wahrgenommen zu werden. Speziell meine Mutter hatte Probleme mit meinem Anderssein, das von anderen positiv wahrgenommen

wurde, bei ihr aber statt Stolz Aggressionen schaffte und sie ungerecht, intrigant und gemein machte. Mit meinen Schwestern bildete sie eine Front gegen mich. Manchmal denke ich heute, dass ich ihr mit meinem Anderssein Angst machte und sie unfähig war, damit umzugehen. Es könnte natürlich auch sein, dass meine Mutter unbewusst an mir einen Schwesternkonflikt aus ihrer Herkunftsfamilie ›abarbeitete‹, indem ich stellvertretend für eine Kränkung ihrer Schwester bestraft wurde. Wie immer gibt es sicherlich ein Bündel von Gründen für ihr Verhalten. Aus heutiger Sicht ist mir auch klar, dass ich in dieser dichten Geburtenfolge sicherlich kein Wunschkind war und ich deshalb abgelehnt wurde. Obwohl ich, trotz der Ablehnung durch meine Eltern ein sehr starkes Selbstwertgefühl entwickelt habe, vorurteilsfrei auf fremde Menschen zugehen und gut mit anderen umgehen kann, wird mich die Ablehnung durch meine Eltern und meine Familie bis zu meinem Lebensende begleiten.«

Mechthild F., 48:
»Ich war 14, als meine Mutter starb, meine Schwester 11. Während meiner Pubertät, in der ich »aufmüpfig« wurde und mir nicht mehr alles gefallen ließ, forderte mein Vater immer von mir, diplomatisch zu sein. Er wollte keinen Erziehungsstress. Meine Schwester durfte sich alles erlauben und arbeitete mit den Strategien schmeicheln und intrigieren. Sie provozierte mich, wo sie nur konnte, aber so, dass mein Vater das nicht mitbekam. Wenn ich mich wehrte, was er dann mitbekam, schlug mein Vater mich. Vor ein paar Jahren hat er mir lachend erzählt, dass er sehr wohl wusste, dass meine Schwester angefangen hatte, mich aber schlug, weil ich mich hatte erwischen lassen. Wegen der Ungerechtigkeit meines Vaters durch die Bevorzugung meiner Schwester hatten wir nie ein gutes Verhältnis. Ich konnte meinem Vater nichts recht machen. Er verachtete auch mein geisteswissenschaftliches Studium. Selbst mein Einser-Examen hat er abwertend kommentiert: »Das wird schon was sein!«

An einem Weihnachtstag, da war ich 27 und verheiratet, hatten sie den ganzen Abend dieses Thema: Wie lächerlich es sei, Literaturwissenschaft zu studieren. Da ist mir der Kragen geplatzt. Ich habe zum ersten Mal meinem Vater Kontra gegeben und gesagt, er hätte mich nie lieb gehabt und mich nicht beschützt als Kind, meine Schwester vorgezogen, obwohl die nichts ausgelassen hat, vom Schulverweis bis zum Drogenkonsum.

Vor zwei Jahren erkrankte mein Vater an Krebs und überstand die Operation gut. Er war auf einmal freundlich und ich hoffte, dass wir doch noch eine gute Beziehung zueinander finden könnten. Es kam dann auch zu einer Aussprache, aber ganz anders, als ich erhofft hatte. Meine Schwester sollte den ganzen Besitz erben und ich reagierte sehr entsetzt und sagte: »Du hast sie immer vorgezogen! Es geht mir nicht um Materielles, es geht mir darum, dass du uns gleich behandelst.«

Obwohl mein Vater wusste, dass er nur noch kurze Zeit zu leben hatte, starb er, ohne mit mir Frieden zu schließen. Die Vorstellung, auf der Beerdigung von meiner Schwester mit spitzen Bemerkungen bedacht zu werden, hielt mich davon ab hinzufahren. Ich habe einen Kranz geschickt, auf dessen Schleife stand »Ruhe in Frieden« und dann nur meinen Namen. Ich habe zu Hause eine Kerze angezündet und ein paar Tage später bin ich zum Grab meines Vaters gefahren. Ich möchte mich nicht in Wut und Enttäuschung von ihm verabschieden, aber ich bin enttäuscht und teilweise bin ich auch wütend.«

3. Die Ablehnung eines Kindes durch die Eltern

Eigentlich sollten alle Kinder von ihren Eltern vorurteilsfrei angenommen und geliebt werden und im Normalfall ist das auch so. Aber es gibt zahlreiche, oft unbewusste Gründe, die das verhindern. Vielfach spielen »*Übertragungen*« eine Rolle. Da kommt beispielsweise die kleine Tochter optisch und verhaltensmäßig ganz auf die dominante Schwester heraus, unter der ihre Mutter in ihrer Kindheit stets zu leiden hatte. Da entpuppt sich der jähzornige Sohn als Neuauflage des despotischen Vaters, der die ganze Familie tyrannisiert hatte. Kinder können aber auch schon deshalb abgelehnt werden, weil sie unerwünscht waren.

Welche Gründe auch immer eine Rolle spielen, *die Ablehnung durch die eigenen Eltern ist die massivste Form der Zurückweisung und eine schlimme Kränkung, die lebenslang schmerzt.*

Viele Eltern machen ihre Kinder unbewusst zu Erfüllungsgehilfen ihrer eigenen Wünsche und Sehnsüchte. Oft ist es sogar so, dass von den eigenen Kindern erwartet wird, etwas zu leisten oder zu Ende zu bringen, was die Eltern selbst nicht geschafft haben.

Das schafft aufseiten der Kinder einen enormen Erwartungsdruck. Sehr angepasste Kinder werden um jeden Preis versuchen, ihre Eltern nicht zu enttäuschen. Diejenigen aber, die dagegen aufbegehren, sich dagegen wehren oder unvermögend sind, die Erwartungen ihrer Eltern zu erfüllen, bekommen es oft genug zu spüren und werden häufig genug wegen ihrer Andersartigkeit abgelehnt. *Abgelehnte Kinder bekommen von ihren Eltern signalisiert, so, wie sie sind, nicht in Ordnung zu sein und deshalb nicht akzeptiert zu werden.*

Es gehört schon sehr viel Stärke und Selbstbewusstsein dazu, sich gegen die Erwartungen der eigenen Eltern zu stellen, seinen eigenen Weg zu gehen und möglicherweise deshalb abgelehnt und schlimmstenfalls sogar ausgegrenzt zu werden. Dazu ein Beispiel:

Sebastian:
»Mein Leben steht unter dem Gefühl, ›Eigentlich sollte ich ein ganz anderer sein‹. Ich gehöre nicht gerade zu denen, die mit schulischen Leistungen punkten können und auf die die Eltern stolz sind. Irgendwie haben meine Eltern mir immer gezeigt, dass sie sich eigentlich einen anderen Sohn gewünscht hatten, einen richtigen Kerl und kein sensibles Weichei, einen Sohn, der nach außen etwas Außergewöhnliches vorzuweisen hat. Dabei empfinde ich es als ungerecht, denn abgesehen von meinen nicht vorhandenen intellektuellen Begabungen bin ich das, was meine Eltern aus mir gemacht haben. Sie wollten ein unauffälliges Kind und haben alles getan, damit ich mit der Realität des tatsächlichen Lebens nie in Berührung kam. Wenn ich mich mit anderen Gleichaltrigen vergleiche, haben meine Eltern mich in Watte gepackt und mich unter einer Glasglocke aufwachsen lassen, ohne Kontakte zu anderen Gleichaltrigen. Vielleicht wussten sie es nicht besser. Aber dass meine Eltern mich heute spüren lassen, dass ich eigentlich ihre Erwartung nicht erfülle, sondern dass sie sich einen anderen Sohn gewünscht hätten, kränkt und verletzt mich schon sehr. Meine Eltern erwarten von mir etwas, was ich nicht sein kann. Mein kaum vorhandenes Selbstwertgefühl wird durch die subtil geäußerte Enttäuschung meiner Eltern noch weiter herabgesetzt. Ich wünschte mir so sehr, dass meine Eltern mir nur einmal zu verstehen geben würden, ›Du bist in Ordnung, so wie du bist. Wir lieben dich, ohne dass du irgendeine Erwartung erfüllst oder etwas Besonderes leistest, weil du unser Kind bist!‹ Die ständigen unbewussten Kränkungen meiner Eltern haben bei mir zu überzogenen Selbstzweifeln geführt und häufig gerate ich in depressive Verstimmungen, weil ich in einer ausweglosen Situation bin. Was mir helfen könnte, wäre, so angenommen und geliebt zu werden, wie ich bin. Ich denke immer, meinen Eltern jeden

Wunsch von den Augen ablesen zu müssen und immerzu etwas leisten zu müssen, um überhaupt eine Daseinsberechtigung zu haben.«

Mit der Ablehnung eines Kindes durch seine Eltern oder gar durch die gesamte Familie verhält es sich wie im Tierreich. Es ist das *schwarze Schaf* in einer Herde weißer Schafe. Und damit man sich mit einer so auffälligen Andersartigkeit nicht auseinandersetzen muss, wird vorsichtshalber ausgegrenzt, was »anders« ist.

Problematisch wird es, wenn dieses Kind von seinen Eltern, egal was es macht, zum »schwierigen« Menschen erklärt wird. Jede kleine Fehlleistung, jede kleinste Verhaltensauffälligkeit wird dramatisiert – positives Verhalten dagegen übersehen. Bei so abgelehnten Kindern entsteht das Gefühl, dass sie, wenn sie schon als schwierig gelten, auch schwierig sein dürfen. Sie übernehmen die ihnen zugewiesene Rolle.

Für die Eltern und die übrigen Familienmitglieder hat das einen »Vorteil«: Alle Aggressionen können auf den »Sündenbock« übertragen werden, der dann einen schweren Sack zu schleppen hat. Wehe den Schwachen, deren Ausgrenzung sie als Trauma lebenslang begleitet.

Wer von seinen Eltern abgelehnt und von seiner Familie ausgegrenzt wird, bekommt das Signal: *»Du bist nicht willkommen und so nicht in Ordnung, wie du bist!«* Und das ist ein Dauerangriff auf das Selbstwertgefühl.

Einerseits will jedes Kind zeigen, dass es ein Individuum und stolz darauf ist, anders zu sein, aber es wird ihm mit der Zeit auch klar, dass es sich eventuell von der Familie trennen muss.

Annemarie N., 57:
»Ich habe die schlimmste Ausgrenzung, Zurückweisung und Kränkung erlebt, die ein Kind sich vorstellen kann. Alles ist eng verknüpft mit einer wahren ›Weihnachtsgeschichte‹, die in meiner Familie ge-

schehen ist. Diese Weihnachtsgeschichte handelt von meiner Familie, die sich für selbstgerecht und unfehlbar hält und diejenigen Familienmitglieder, die anders sind und unbeirrt ihren eigenen Weg gehen, mit Ausgrenzung straft und die offensichtlich die Botschaft von Weihnachten nie begriffen hat. Alle Beteiligten dieser Weihnachtsgeschichte halten sich – nebenbei bemerkt – für Christen.

Unsere Familie besteht aus den Eltern und drei Töchtern, die sich untereinander zerstritten haben. Besonders nachhaltig wirkte sich der Streit deshalb aus, weil sich unsere Mutter aktiv durch Parteinahme einmischte und den chronischen Unfrieden damit schürte. Der »Bösewicht« war sehr schnell ausgemacht. ›Ausgeguckt‹ hat man mich, diejenige, die schon immer die niedrigsten Sympathiewerte innerhalb der Familie hatte. Jahrelang schnitt man mich und signalisierte mir, dass ich nicht dazugehörte. Irgendwann hatte während meiner Abwesenheit der Familienrat getagt und die totale Ausgrenzung beschlossen.

Ich möchte über die traumatische Erfahrung, die ich mit Weihnachten 1990 verbinde, sprechen. Mein Vater war schwer an Krebs erkrankt. Er wusste, dass sein nahes Ende bevorstand und wollte sein Gewissen bereinigen und mit mir seinen Frieden schließen. Heimlich, ohne dass die übrige Familie etwas davon mitbekam, bestellte Vater mich, die systematisch jahrelang ausgegrenzte Tochter, ins Krankenhaus und versöhnte sich mit mir. Seine Worte: ›Wie muss man doch erst erbärmlich am Boden liegen wie ein Wurm, bis es möglich ist, um Vergebung zu bitten. Was habe ich dir angetan, wie ungerecht habe ich dich behandelt. Es tut mir leid, das habe ich nicht gewollt. Es ist nicht leicht für mich, einen familiären Trümmerhaufen zu hinterlassen. Ich habe meinen Teil bereinigt, den Rest müsst ihr selbst untereinander regeln.‹

Mit der Gewissheit, dass Weihnachten 1990 das letzte Weihnachtsfest des Vaters sein würde, begab ich mich mit meinen beiden Kindern auf die Reise, um Vater zu besuchen und um Weihnachten, das Fest der Familie und des Friedens, dazu zu nutzen, um auch mit der übrigen

Familie Frieden zu schließen. Am 1. Weihnachtstag 1990 stand ich vor meinem Elternhaus und schellte. Meine Mutter öffnete, schaute mich und meine Kinder entgeistert an, tat so, als erkenne sie den unerwarteten Besuch nicht und rief: ›Hugo, komm doch mal, da sind welche.‹ Als Vater erschien, begrüßte ich ihn mit den Worten: ›Frohe Weihnachten und Friede diesem Hause und allen Menschen, die guten Willens sind.‹ Darauf mein Vater: ›Kommt doch rein.‹ Mutter allerdings war mit der spontanen Entscheidung des Vaters nicht einverstanden und entgegnete: ›Nein, das geht nicht, wir haben schon Besuch und die sind nicht angemeldet.‹ Darauf der Vater: ›Dann lasst uns doch nach oben gehen, da haben wir doch noch ein Wohnzimmer.‹ Ich ging mit meinen Kindern und beiden Eltern eine Etage höher, ins ungeheizte Wohnzimmer. Vater bat Mutter: ›Willst du nicht ein paar Plätzchen holen für die Kinder?‹ ›Nein‹, patzte Mutter zurück, ›unten ist der Besuch, der angemeldet ist.‹ Nach einer halben Stunde im kalten Wohnzimmer und einer noch unerträglicheren Eiseskälte der Ablehnung verließ ich mein Elternhaus mit der traurigen Feststellung, dass Weihnachten nicht die Herzen meiner Familie erreicht hat und die frohe Botschaft von Weihnachten, von Frieden und Versöhnung, in meiner Familie nicht einmal an einem so besonderen Tag wie Weihnachten angekommen ist.«

Lassen Sie mich durch das Märchen »*Das blaue Schaf*«[3] ausdrücken, was bisher zum Thema Ablehnung und Ausgrenzung noch nicht gesagt wurde:

Unter den vielen weißen Lämmchen einer großen Schafherde war eines, das hatte, schon als es auf die Welt kam, kleine blaue Spritzer in seiner Wolle, so, als hätte jemand seinen Federhalter an ihm abgewischt. Zuerst lachten die anderen Schafe darüber und auch der junge Schäfer und sein Hund, aber als es größer wurde, wurden auch die Flecken immer größer und schließlich war das ganze

Schaf blau. Da sagten die anderen Schafe: »Geh weg, du hässliches Blauschaf«, und der Hund biss es, sobald er es nur sah.

Da wurde das blaue Schaf sehr traurig. Es konnte doch nichts dafür, dass es blau war. Schließlich suchte es Schutz beim Schäfer und dieser schimpfte den Hund und die Schafe aus: »Schämt euch, was kann denn das Schaf für seine Farbe?« – »Es ist anders als wir und das gefällt uns nicht«, erwiderten die Schafe. Weil sie aber den Hirten gern hatten, ließen sie nun das blaue Schaf in Frieden, wenigstens, solange er in der Nähe war. Ging er aber einmal weg, so fing das Gespött schon wieder an. Das blaue Schaf hörte vor Kummer auf zu fressen und wurde immer dünner. Da nahm es der Schäfer mit in seinen Karren und brachte ihm das schönste Gras. Aber das blaue Schaf hatte Heimweh nach den anderen Schafen und wurde krank. Der Schäfer überlegte lange, wie er ihm wohl helfen könne – und eines Morgens hatte er einen Einfall. Er nahm seine größte Schere und schnitt dem Schaf all die großen blauen Locken ab, dann sah er sich die kleinen kurzen Härchen an, die übrig geblieben waren, und sagte: »Das werden wir bald haben.« Er erinnerte sich, dass seine Mutter, die die Wolle der Schafe spann und verwebte, eine Flasche mit Bleichwasser besaß, mit dem sie die Wolle tränkte, wenn sie zu grau war. Von diesem Bleichwasser wollte er sich etwas holen, um die kleinen Härchen des blauen Schafes hell zu machen. Er nahm also ein bisschen blaue Wolle, ermahnte den Hund, recht gut auf die Herde Acht zu geben, legte dem geschorenen blauen Schaf schönen saftigen Klee hin und ging in die Stadt. »Ei«, staunte da die Mutter, »was ist das für schöne blaue Wolle? Die ist ja blauer als der Himmel! Davon müsste ich recht viel haben, dann könnte ich die wunderbarsten Sachen daraus weben. Wo hast du die schöne Wolle her?« Da erschrak der Schäfer, denn er fürchtete, die Mutter würde darauf dringen, dass er das Schaf blau ließe, und dann würde das Schaf ewig traurig bleiben. Er überlegte, was er sagen sollte, und wurde ganz rot, weil er doch seine Mutter nicht anlügen wollte. Die Mutter fuhr ihn an: »Hast du die Wolle etwa gestohlen, du Bösewicht?« – »Nein«, sagte der Schäfer und schwindelte schnell drauflos: »Es kam ein fremder Mann aus dem fernen Indien hergewandert. Er handelte mit Wolle und bat mich um Bleichwasser, denn seine alte Flasche sei leer. Da habe ich versprochen, ihm etwas zu besorgen, und als Bezahlung hat er mir blaue Wolle gegeben.« – »Dacht ich's mir doch«, erwiderte die Mutter, »dass dies eine besondere Wolle ist. Hier hast du die Flasche und lasse dir von dem Inder nur noch etwas von der blauen Wolle geben.« Der Schäfer dankte und war froh, dass er so gut davongekommen war.

Bei der Herde angekommen, nahm er flugs das Fläschchen und einen kleinen Pinsel und begann jedes einzelne Haar des Schafes damit zu bestreichen. Das war eine mühsame Arbeit, aber das blaue Schaf war schließlich so hell wie die anderen und keines der Schafe erkannte es wieder, sodass es fortan mit den anderen springen und sich tummeln konnte. Darüber war es sehr glücklich. Von nun an nahm der Schäfer das blaue Schaf immer heimlich mit in seinen Karren und pinselte es ein, sobald die blaue Farbe wieder durchschimmerte.

Eines Tages aber sah er mit Schrecken, dass die Flasche fast aufgebraucht war. Als er noch darüber nachdachte, was er seiner Mutter erzählen sollte, sah er sie plötzlich über die Wiese daherkommen. Außer sich vor Freude berichtete sie ihm, dass sie die blaue Wolle versponnen habe. Nun sei aber neulich ein vornehmer Herr vorbeigekommen und der habe durchs Fenster den blauen Schal und die blauen Handschuhe liegen sehen, die sie daraus gestrickt hatte, und da habe er wahrhaftig einen großen Geldschein auf den Tisch gelegt und beides gekauft. Wenn sie nur noch mehr von der blauen Wolle bekäme, dann könnten sie beide reich werden.

Da hielt es der Schäfer nicht mehr länger aus und erzählte der Mutter, wie es in Wahrheit mit der blauen Wolle gewesen war, und sogleich wollte er ihr das blaue Schaf zeigen. So sehr er aber suchte, er fand es nicht mehr, denn ein Schaf sah aus wie das andere. Er zählte seine Schafe. Die Anzahl stimmte und so musste das blaue Schaf mit bei der Herde sein. »Gott sei Dank«, dachte der Schäfer trotz allem, »jetzt ist das blaue Schaf endlich weiß geworden und hat seine Ruhe.« Einen kleinen Rest der blauen Wolle hatte er noch aufbewahrt, den gab er seiner Mutter und die machte ihm ein paar wunderbare Handschuhe daraus. Diese Handschuhe hat der Schäfer, der inzwischen ein alter Mann geworden ist, heute noch. Sie gehen nie entzwei und ihre Farbe ist noch heute so blau wie der Sommerhimmel.

4. Kränkungen in der Pubertät

»Wegen innerer Umbauarbeiten geschlossen«, könnte man den Zustand eines jungen Menschen in der Pubertät beschreiben. Es ist die Zeit der Auseinandersetzung mit den körperlichen Veränderungen und der Einordnung in die Gesellschaft der Erwachsenen. Alle diese Veränderungen müssen bewältigt werden, treffen auf ein unreifes Ich, das diese Veränderungen nur zum Teil integrieren kann. Der Wunsch, alles schon selber zu wissen und zu können, bei gleichzeitiger Unfähigkeit dazu führt zu den schmerzhaften Erfahrungen der Jugendzeit.

Sie erkennen Ihr Kind nicht wieder? Eben noch ein freundliches Wesen, jetzt rebelliert es – gegen alle und alles. Was ist passiert? Ihr Kind wird flügge und will neue Freiräume innerhalb der Familie erobern. Das »Abnabeln« ist eine normale Phase. Das Kind will die »Befreiung« von den Eltern. Fürsorge und Kontrolle sind

»out«! Das Kind dabei zu unterstützen ist keine leichte Erziehungsaufgabe. Es rebelliert lautstark gegen Regeln und das »Loslösen« geht oft mit viel Streit, unverschämten Beleidigungen und tiefen Verletzungen einher. Es scheint paradox zu sein, man verletzt zuallererst diejenigen, die einem am nächsten stehen.

Kira, 15:
»Pubertät, das hört sich schon so an wie eine ansteckende Krankheit. Dagegen scheint kein Kraut gewachsen. An manchen Tagen fühlt man sich geradezu geschüttelt von einer Antriebsschwäche – zu angeschlagen, um Hausaufgaben zu machen oder Sätze mit mehr als drei Worten zu sprechen. Für jeden Arzt ein Rätsel sind die darauf folgenden Fieberschübe, die besonders abends über einen herfallen und zu hektischen Aktivitäten außerhalb der eigenen vier Wände führen. Gar nicht zu reden von den Pusteln, die sich epidemisch auf dem Gesicht ausbreiten. Einen Vorteil hat das Leiden allerdings: Hat man's erst mal überstanden, ist man lebenslang immun.«

Manchmal fliegen zu Hause die Fetzen, Vater und Sohn liegen im Dauer-Clinch, Mutter und Tochter wetteifern im Türenknallen, die Tränen fließen in Strömen. *Eltern und Kinder sind im Ausnahmezustand und nicht vorbereitet auf das, was gerade passiert.* Pubertät ist Neuland für Eltern und Kinder und auf dem unbekannten Weg kann es schon mal vorkommen, dass man sich verirrt. Zu den Eltern sind Kinder plötzlich muffig, mit Freunden dagegen können sie über alles reden. Das verloren gegangene Vertrauen verletzt Eltern zutiefst. Die Eltern sind nicht mehr Dreh- und Angelpunkt im Leben ihrer Kinder. Diese lösen sich von der Familie und wenden sich mehr engen Freunden zu. Stoff für Zoff gibt's genug.

Eine neue Zeit bricht an, die neue Vereinbarungen und Regeln erfordert. Bei neuen Regeln müssen allerdings alle Beteiligten ihre Bedürfnisse unterbringen können. Bei entgegengesetzten Vorstellungen müssen Kompromisse ausgehandelt werden. Kinder, die auf dem Weg sind, erwachsen zu werden, fordern ein Recht auf Privatsphäre. Kinder erzählen ihren Eltern nicht mehr alles. Die Eltern fühlen sich zurückgewiesen, indem sie nicht mehr alles mitbekommen. Kinder haben mit widersprüchlichsten Gefühlen zu kämpfen und machen sich oft Luft. Dabei verletzen sie ihre Eltern.

Sarah, 13:
»Es ist zum Aus-der-Haut-Fahren. Erst könnte ich die ganze Welt umarmen und dann finde ich sogar meine beste Freundin ätzend. Manchmal schwankt meine Stimmung wie ein Schiff auf stürmischer See. Oft bin ich eingeschnappt und brummig, schnell gekränkt und beleidigt. Schon ein falscher Blick kann mich verunsichern. Manchmal fühle ich mich so schlecht, dass ich mich im nächsten Mauseloch verkriechen möchte. Alles ist mir peinlich: meine Mutter, die viel zu laut lacht, mein Vater, wenn er beim Essen schmatzt. Es ist mir peinlich, wenn Verwandte oder Freunde meiner Eltern mich umarmen. Ich bin total unausgeglichen, heute Komiker und morgen depressiv, morgens rotzfrech und abends schüchtern.«

Pubertät ist eine Zeit, die die meisten Eltern mit Schrecken und die Heranwachsenden mit Unsicherheit erleben. Beide Seiten müssen in dieser Phase lernen, sich Konflikten zu stellen und die Balance zwischen Grenzen und Freiräumen zu halten. Eltern müssen dabei den Balanceakt vollbringen, loszulassen und den Kindern weiterhin Halt zu geben.

Von Eltern und Kindern wird die Pubertät als eine einzige Krise erlebt. Die Beziehung Eltern – Kind wird neu definiert, mit ungewissem Ausgang zwar, aber keinesfalls aussichtslos. Nur: Patentrezepte gibt es nicht, denn so einzigartig, wie die Menschen als Kinder sind, so einzigartig ist auch ihre Entwicklung zum Erwachsenen.

Annika ist 13 Jahre alt. Trifft man sie gelegentlich auf der Straße, schaut sie grimmig drein. Ihr Gesicht ist voller Pickel, die Haare hat sie pechschwarz gefärbt und sie hockt nach Aussage ihrer Mutter ausschließlich in ihrem düsteren Zimmer – ein ganz typisches Verhalten Pubertierender.

Einer der bekanntesten deutschen Erziehungsexperten, Jan-Uwe Rogge,[4] zieht gern zur Erklärung der Pubertät den Hummer als Beispiel heran:

»Er ist das einzige Tier, das eine Pubertät durchlebt. Bei ihm wächst zunächst das Fleisch und dann erst der Panzer. Um zu überleben, zieht sich der Hummer in tiefe dunkle Höhlen am Boden des Meeres zurück. Hier in der Tiefe wachsen Fleisch und Panzer.«

Ein Pubertierender wird dünnhäutig, verletzlich, verliert den Panzer und, um zu überleben, verschwindet *Ihr* Hummer in seine Höhle. Diese Höhle nennt man Kinderzimmer.

Moritz ist fast 14 und hasst es, wenn die Eltern stundenlang über ein Thema diskutieren. *»Das Gelaber nervt, aber wenn das nicht wäre und ich wäre euch egal und dürfte alles, das wäre auch nicht o.k.«*

Seine Eltern erleben, wie ihr Sohn erwachsen wird. Sie schwanken zwischen Wut und Verständnis, Großzügigkeit und Strenge. Sie streiten und diskutieren mit ihrem Sohn und zeigen sich hin und wieder kompromissbereit. Und jeder Tag ist eine neue Herausforderung mit wechselndem Erfolg, denn nur selten sieht Moritz die Regeln ein.

Für Eltern ist die Pubertät ihrer Kinder eine Gratwanderung. Sie können in dieser Phase ihren Kindern nichts recht machen. Auseinandersetzungen sind nötig, damit Kinder unabhängig und selbstständig werden können. Streit und Verletzungen sind notwendig, damit sich die Jugendlichen von den Eltern als wichtigste Bezugspersonen lösen.

Ratschläge für Eltern pubertierender Kinder

- Plötzlich gibt Ihr Kind patzige, verletzende Antworten. *Fühlen Sie sich nicht persönlich angegriffen,* denn diese Reaktionen richten sich nicht eigentlich gegen Sie. Ihr Kind sucht gerade seinen Platz im Leben – und muss vieles mit sich selbst ausmachen.

- Ihr Kind schreit Sie an. Während einer lautstarken Auseinandersetzung zeigt es Ihnen einen Vogel oder steht mitten im Gespräch auf und geht. Denken Sie daran: *Rebellion gehört zum Ablösungsprozess.*

- *Zeigen Sie Verständnis!* In der Pubertät verändern sich Körper und Geist. Ihr Kind hat mit vielen Umstellungen zu tun, die bewältigt werden wollen. Es ist eine äußerst schwere Zeit für Ihre Tochter oder Ihren Sohn, in der sie/er sich manchmal überfordert fühlt und gereizt reagiert.

- *Akzeptieren Sie das neue »Styling«:* Vielleicht sah Ihr Kind bisher ganz »normal« aus. Doch plötzlich trägt Ihre Tochter bauchfrei und Ihr Sohn will ein Piercing. Bleiben Sie gelassen. Die meisten Vorlieben gehen so schnell vorüber, wie sie kamen. Seien Sie also tolerant, wenn die Kleidungswünsche nicht zu extrem sind! Und: Strenge Verbote erhöhen meist den Reiz einer Sache.

- *Gelassenheit, Selbstbeherrschung, Grenzen setzen – das ist jetzt gefragt.* Versuchen Sie, die Aufsässigkeit Ihres Kindes als normalen Abschnitt in seiner Entwicklung zu sehen, wobei Sie allerdings die Grenzen abstecken. Sicher, das kann – hin und wieder auch zu lauten – Auseinandersetzungen führen. Wortwahl und Beleidigungen können Sie »treffen«. *Ihre Betroffenheit müssen Sie Ihrem Kind verdeutlichen.*

- Es ist sinnlos, sich auf lautstarke Auseinandersetzungen einzulassen. Wirkungsvoller ist es, wenn sich alle beruhigt haben, Ihrem Kind Ihre »Verletzungen« oder Traurigkeit mitzuteilen. Grenzen Sie sich ab und fordern Sie von Ihrem aufmüpfigen Teenager Respekt und verbitten Sie es sich, angeschrien, beleidigt oder verletzt zu werden. *Machen Sie Ihrem rebellierenden Kind klar, dass auch Eltern Rechte, Freiräume, Werte haben, die zu respektieren sind.*

- Wenn Sie mit Ihrem Kind nicht reden können, schreiben Sie einen ehrlichen Brief. Bringen Sie darin auch zum Ausdruck, was Sie bewegt, wenn sich Ihr Kind so »daneben« benimmt.

- Der »neue« Weg Ihres Kindes ist oft bergig und zerklüftet. Wenn sich Ihr Kind »verläuft«, braucht es Ihre Hilfe. Für Pubertierende rücken Eltern und Familie in den Hintergrund, die Clique und Hobbys gewinnen dagegen an Bedeutung. Üben Sie sich in Geduld. Spätestens beim ersten Kind ist der ganze Spuk vorbei!

5. Vater-Sohn-Konflikte

Vater und Sohn sind naturgemäß dadurch verbunden, dass der Vater dem Sohn die physische Existenzgrundlage bietet. Wichtiger noch für das weitere Leben des Sohnes sind die Gefühle, die er gegenüber seinem Vater empfindet. Wünsche, Erwartungen, Enttäuschungen, die Angst und manchmal auch die Wut binden ihn an dieses erste männliche Vorbild seines Lebens und entscheiden mit darüber, wie aus einem Jungen ein Mann und später selbst ein Vater wird.

Väter und Söhne suchen sich ein Leben lang. Antrieb ist die Sehnsucht nach dem Gefühl, dass ich als Sohn o.k. bin, dass ich als Vater ein guter Vater gewesen bin und dass beide miteinander gut reden können.

Nicht selten verläuft diese Suche nach gelungener Kommunikation, gegenseitigem Verstehen und Anerkennung über die seltsamen Irrwege der gegenseitigen Entfremdung, des andauernden Kampfes miteinander, der Einhaltung äußerlicher Distanz um des lieben Friedens willen bei gleichzeitig emotionaler innerer Gespanntheit, flankiert von Schweigen, Bitterkeit, Vorwürfen, Misstrauen und Konkurrenz, Neid gegenüber und Abwertung des jeweilig anderen. [5]

Vater-Sohn-Konflikte produzieren zahlreiche Kränkungen. Oft resultieren sie aus einem verdeckten *Konkurrenzkampf.* Jeder will dem anderen zeigen:
Ich bin besser als du!

Hierzu einige Beispiele:

Ein Vater feiert seinen 85. Geburtstag im festlichen Rahmen mit vielen Gästen. Nach einigen musikalischen Darbietungen ist sein ältester Sohn mit der Geburtstagsrede dran. Sie kommt gut an, wie der Beifall und anschließende Komplimente zeigen. Dann bedankt sich auch sein Vater, aber er, der immer ein glänzender Redner war, kann es nicht lassen zu bemerken: *»Also nimm es mir nicht übel, aber du solltest doch einmal einen Rhetorikkurs belegen!«*

Eine subtile Form der Kränkung ist Schweigen: Ein Seminarteilnehmer erzählte mir einmal, dass sein inzwischen verstorbener Vater nie ein paar anerkennende Worte für seine Bemühungen am

Klavier gefunden hätte. Und nur um die Anerkennung sei es ihm gegangen, wenn er bei bestimmten Anlässen vorgespielt habe. Er müsse zwar zugeben, dass sein Spiel alles andere als perfekt gewesen sei, aber darum gehe es bei Laienmusikern ja nicht unbedingt.

Der Konkurrenzkampf kann natürlich auch dazu führen, dass der Sohn beim *Vater* eine Kränkung hervorruft, indem er dem Vater zeigt, dass er mehr »erreicht« hat. So war es für einen Vater, der es nie geschafft hatte, ein Haus zu bauen, ein »Schock«, als ihm sein Sohn stolz den gerade begonnenen Rohbau seines Hauses zeigte.

Einen besonderen Angriff auf das Selbstbewusstsein eines Sohnes belegt das folgende Beispiel:

Ein erwachsener Sohn schreibt seinem Vater überglücklich einen Brief und legt ein Bild seiner »Auserwählten« dazu. Ganz verliebt und begeistert fragt der Sohn im Brief: *»Papa, wie findest du sie? Ist sie nicht nett?«* Darauf antwortet der Vater seinem Sohn in einem Antwortbrief: *»Entweder ist eine Freundin so attraktiv und nett, dass man sie am liebsten seinem Sohn ausspannen würde oder der Vater kratzt sich im grauen Haar und sagt sich: ›Na ja, die Geschmäcker sind halt verschieden!‹«*

Worin besteht für wen die Verletzung? Die vorgeführte Freundin trifft nicht die Erwartung des Vaters, der sich für seinen Sohn »etwas Attraktiveres« vorgestellt hatte. Für den Vater ist die Freundin – aufgrund seiner überhöhten Erwartungshaltung – eine optische Beleidigung, die er nicht akzeptieren will. Für den Sohn ist die Antwort des Vaters eine Kränkung, weil er seine Freundin mit den verklärten Augen der Liebe sieht. Die Antwort des Vaters zeigt dem Sohn, dass der Vater eigentlich andere Vorstellungen hat. Für ihn, als Sohn, ist das eine emotionale Zurückweisung, indem der Vater ihm klar macht, dass er einen schlechten Geschmack hat.

Tragische Konflikte kann es zwischen Vater und Sohn geben, wenn der Vater aufgrund seiner Leistungen, seiner Stellung und Bedeutung in der Gesellschaft, in Wissenschaft, Kunst oder Politik eine besondere Autorität erworben hat. Ohne dass es ihm bewusst sein muss, droht er mit seinem Gewicht seinen Sohn zu erdrücken, dessen Leben zu ersticken.[5]

So hatte der geniale *Thomas Mann* massive Probleme mit seinem Sohn Klaus und umgekehrt. Klaus Mann stand stets im Schatten seines weltberühmten Vaters und konnte als Schriftsteller nicht annähernd den Ruhm seines Vaters erlangen. Er reiste viel, wechselte häufig seinen Wohnort. 1925 bekennt er sich zur Homosexualität, obgleich sie in der Weimarer Republik unter Strafe stand. 1949 nimmt er sich in Cannes mit einer Überdosis Schlaftabletten das Leben.

Aus der Geschichte wissen wir, wie sehr *Friedrich II.*, bekannt unter dem Namen Friedrich der Große, unter seinem despotischen Vater gelitten hat. Als preußischer König ging Wilhelm I., der Vater, bekannter unter dem Namen »Soldatenkönig«, in die Geschichte ein. Der Konflikt mit seinem Sohn Friedrich II. war durch den Feingeist des Sohnes programmiert, der befreundet war mit Philosophen und eher den schönen Künsten Interesse entgegenbrachte als der Heeresführung.

Der Vater-Sohn-Konflikt eskalierte, als Friedrich fliehen wollte. Sein Freund und Fluchthelfer Hans Hermann von Katte wurde zum Tode verurteilt und hingerichtet.

Auch *Wolfgang Amadeus Mozart* wurde zum »Opfer« seines Vaters Leopold, der in seiner Karrieresucht seinen Sohn kreuz und quer durch ganz Europa schleppte, zu immer neuen Höchstleistungen anspornte und ihm durch den Salzburger Erzbischof Demütigungen zumutete.

Der Vater-Sohn-Konflikt Mozarts mit seinem Vater Leopold ist gekennzeichnet von gegenseitiger Wertschätzung einerseits und Konkurrenz, Kollegialität und Besserwisserei andererseits. Wer mehr darüber erfahren möchte, der sollte Mozarts Briefe lesen.

Franz Kafka litt ebenfalls unter seinem tyrannischen Vater, der ihm seinen Lebensentwurf aufzwingen wollte. Der Sohn studierte zunächst Germanistik, dann Jura, das er mit dem Doktorgrad abschloss. Der Vater dagegen favorisierte eine kaufmännische Ausbildung, damit der Sohn das Geschäft des Vaters übernehmen könnte, was der Sohn nie getan hat.

Sartre hat seinen Vater lebenslang als bedrückenden Rucksack empfunden.

Viele Beispiele aus der Geschichte zeigen, dass sich manche Söhne als Vollender des väterlichen Lebenswerkes verstanden, während sich andere lebenslang gegen den Vater absetzten und dabei ungeheuer produktive Kräfte freisetzten:

Denken Sie z.B. an *Karl-Heinz Böhm*, Sohn des weltberühmten Dirigenten Karl Böhm. Eine Musikerlaufbahn im Schatten seines Vaters war nicht nach seinem Geschmack. Karl-Heinz Böhm fand nach einiger Zeit als Schauspieler seine Lebensaufgabe im Kampf gegen die Armut in Äthiopien und gründete die Stiftung *Menschen für Menschen.*

Der Fernsehfilm »*Liebe ist die beste Medizin*«, der am 7.7.2006 in der ARD ausgestrahlt wurde, handelte ebenfalls von einem Vater-Sohn-Konflikt: Auf die Nachricht vom Tod seines Vaters hin reist der erfolgreiche Großstadtarzt Dr. Peter Haller zur Beerdigung in seinen Heimatort. Peters Trauer hält sich allerdings in Grenzen: Bereits vor Jahren hatte er den Kontakt zu seinem Vater abgebrochen. Für ihn war der Vater, ein angesehener Kleinstadtarzt, in erster Linie ein herzloser Mann, der nur für seine Arbeit lebte. Was er nicht ahnt: Sein Vater hat sein Ableben nur vorgetäuscht! Mit diesem Trick will er seinen Sohn Peter, der sich vor vielen

Jahren von ihm abgewendet hatte, dazu bewegen, die väterliche Praxis zu übernehmen. Doch der ist fest entschlossen, die Praxis aufzulösen und so schnell wie möglich wieder zu verschwinden. Seine Haltung ändert sich erst, als er sich in Stella verliebt.

Mit Witz, Charme und viel Gespür für emotionale Zwischentöne erzählt der Film von Liebe, Trauer, Vater-Sohn-Konflikten und dem Mut zur Versöhnung.

Ratschläge für den Vater-Sohn-Konflikt

Die folgenden Ratschläge sind keine Hinweise, wie Vater oder Sohn auf Kränkungen reagieren sollten, sondern sie wollen zeigen, wie ein Klima geschaffen werden kann, dass Kränkungen möglichst gar nicht erst entstehen:

- *Zeigen Sie Gefühl,* denn Sie sind die Leitfigur für Ihren Sohn. Ihr Sohn wird nur Gefühle zeigen, wenn Sie Ihre Emotionen nicht verbergen. Söhne lernen von Vätern, dass es nicht nur normal ist, Gefühle zu haben, sondern sie auch auszudrücken.

- *Zeigen Sie körpersprachlich Ihre Zuneigung* und scheuen Sie sich nicht, ihren Sohn zu umarmen.

- Suchen Sie nach Gelegenheiten und nehmen Sie sich *Zeit,* die Sie mit Ihrem Sohn verbringen, auch allein im Urlaub! Nur so können Sie sich wirklich gegenseitig kennen lernen.

- Es zählt die *Qualität* und nicht die Quantität der Beziehung zu Ihrem Sohn.

- Väter sollten ihren Söhnen zeigen, dass sie an sie *glauben* und damit das Selbstvertrauen ihrer Söhne stärken:
  Ein Vater sollte zu dem befreienden und positiven Satz fähig sein: »*Du bist o.k., so wie du bist, mein Sohn, bedingungslos, ich mag dich und ich traue dir zu, dass du dein Leben annimmst, und ich werde da sein, wenn du mich brauchst, sag es mir!*«
  Und der Sohn könnte darauf antworten: »*Auch wenn wir unterschiedlich sind, vielleicht Dauerkonflikte haben, so danke ich dir für alles, was du für mich getan und mir gegeben hast.*«

- Handeln Sie respektvoll, aber setzen Sie klare Grenzen. Unterstützen Sie Ihre Partnerin bei *Erziehungsmaßnahmen.*

- Seien Sie ein *Vorbild,* denn Söhne ahmen ihren Vater nach.

- Vermitteln Sie Ihrem Sohn ein positives Frauenbild!

- Zeigen Sie Ihrem Sohn, dass Auseinandersetzungen friedlich und ohne Einsatz des »Faustrechtes« möglich sind.

- Bringen Sie Ihrem Sohn bei, seine Bedürfnisse *verbal* auszudrücken und unterstützen Sie ihn bei *Problemen.*

- Mit seinem Vater ins Reine kommen heißt auch, sich zu den eigenen Wurzeln zu bekennen. Klärende Gespräche zwischen Vater und Sohn über das Leben des Vaters bzw. über das Leben des Sohnes aus der Sicht des Vaters können eine Verbundenheit schaffen, die befreiend wirkt und gegenseitigen Respekt zollt. Nicht Erklärungen über irgendwelche Beziehungsvorgänge sind dabei entscheidend, sondern dass man sich einander mitteilt.

- Wenn Ihr Sohn auszieht und schrittweise wirtschaftlich selbstständig wird, finden Sie als Vater einen geeigneten Zeitpunkt, um mit Ihrem Sohn Bilanz zu ziehen. Es geht um eine Art »Freisprechen«[6] oder »Entlastung«.
  Ein derartiger »Freispruch« würde bedeuten, dass der Vater das Ende der Abhängigkeit nicht nur akzeptiert, sondern dieses und damit auch den zu entlassenden Sohn als vollendet anerkennt.
  Dem Sohn könnte sich so vermitteln, dass der Vater seine eigenen Schritte gutheißt, nicht weil er sie gut findet, sondern weil er sie als die seines Sohnes annimmt. Das würde vielleicht auch dem Sohn die Möglichkeit eröffnen, seinerseits den Vater freizusprechen, indem er dessen nun beendete Versuche, dem Sohn Beistand und Mentor zu sein, würdigt, also ebenfalls etwas anerkennt: Dass der Vater zwar nicht das für den Sohn getan hat, was wünschenswert gewesen wäre, aber immerhin das, was ihm aus seinen Kräften möglich gewesen ist.
  Wenn Vater und Sohn gemeinsam eine solche Bilanz aufstellen, können sie alte Kränkungen und Missverständnisse aufarbeiten, die sie sonst ihr restliches Leben verfolgt hätten.

6. Mutter-Tochter-Konflikte

Unsere Mutter ist die erste und damit wahrscheinlich auch wichtigste Person in unserem Leben. Eine schicksalhafte Beziehung, die viel Nähe und Liebe bedeuten kann, aber auch Distanz, Ablehnung, ja Hass. In der Tochter erlebt die Mutter viele Situationen und Hoffnungen ihres Lebens ein zweites Mal. Und umgekehrt ist die Mutter die erste Frau, die die Heranwachsende aus allernächster Nähe erlebt.

Mit dem Verhalten der Mutter als Frau müssen sich die Töchter später bei der Suche nach ihrer eigenen Identität auseinandersetzen. Fast jede Frau lernt sie kennen, die unsichtbare Macht, die die Mutter über uns hat, das Phänomen der so genannten »inneren Mutter«: Wir nehmen uns vor, gewisse Dinge ganz anders zu machen, als sie es getan hat, Beziehungen anders zu führen, stärker zu sein oder nachgiebiger, geradliniger oder liberaler – und ertappen uns regelmäßig dabei, genauso zu agieren wie unsere Mutter.

»Du bist wie deine Mutter!« Dieser Satz, am besten noch vom eigenen Partner so dahingesagt, treibt den meisten Frauen die Zornesröte ins Gesicht. Und trotzdem ertappt man sich immer wieder dabei, in bestimmten Situationen genauso zu reagieren wie die eigene Mutter – und sogar dieselben Formulierungen zu benutzen wie sie.

»Ich will ja nur das Beste für das Kind«, mit diesem Argument lassen viele Mütter nichts unversucht, ihre Töchter zu drangsalieren. Die Folge: Die Töchter reagieren allergisch auf ihre Mütter, was sich in Äußerungen niederschlägt wie z.B.: *»Ich ertrage meine Mutter manchmal nicht mehr. Um ehrlich zu sein: Sie macht mich völlig verrückt.«*

Über Mutter-Tochter-Beziehungen schwebt häufig ein Hauch von Dramatik. Im Spannungsfeld zwischen Idealisierung und Hass ist es schwer, befreit und problemlos zu lieben. Dabei ist eine gesunde Mutter-Tochter-Beziehung von großer Bedeutung für die seelische und körperliche Gesundheit einer Frau – wie die amerikanische Bestseller-Autorin Christiane Northrup in ihrem neuen Buch »Mutter-Tochter-Weisheit«[7] betont.

Die magische Beziehung zwischen den Frauen ist geprägt durch ein unsichtbares Band, das beide zusammenhält.

In einer amerikanischen Studie über Mütter und ihre erwachsenen Töchter geben drei von vier Müttern an, dass ihre Tochter die wichtigste Vertraute für sie sei. Und umgekehrt: Für jede zweite Tochter ist Mama die wichtigste Bezugsperson.

Als kleine Kinder bekommen wir die Anerkennung oder Missbilligung der Mutter. Typisch für den Mutter-Tochter-Konflikt ist aber, dass die Mutter Macht besitzt, das Wohlbefinden der Töchter auch später noch zu beeinflussen, wenn diese als erwachsene Frauen immer wieder die mütterliche Aufmerksamkeit suchen, um sich zu vergewissern, dass sie in Ordnung und liebenswert sind.

Während die Identifikation der Tochter mit ihrer Mutter zunächst verständlich ist, gilt es später, ohne abrupte Abwendung von der Mutter die eigene Persönlichkeit zu entwickeln. Diese Gratwanderung zwischen Nähe und Abgrenzung stellt viele Töchter vor ein Dilemma. Es entsteht eine Art Hassliebe nach dem Motto:

»Nicht ohne meine Mutter. Aber bitte auch nicht mit ihr.«

Oder: *»Mama, ich liebe dich, aber ich ertrage deine Nähe nicht.«*[7]

Im Mutter-Tochter-Konflikt ereignen sich viele Kränkungen, und zwar wechselseitig. Hier einige Beispiele:

Kränkungen durch die Mutter

Wie Anna auf die Kränkungen durch ihre Mutter reagierte, drückt sie mit folgenden Worten aus:

Anna:
»Ich habe zu lange zu viele Kränkungen meiner Mutter ertragen. Das führte dazu, dass ich unangemessen, also hysterisch reagiert habe, besonders im Moment der emotionalen Betroffenheit. Manchmal bricht ganz unkontrolliert ein regelrechter ›Gefühlsstau‹ los.«

Die Tochter bemüht sich stets, alles zu tun, was die Mutter will, um ihr zu gefallen. Sie bekommt aber nie Anerkennung, sondern Einmischung, Bevormundung, Kritik und Wertungen der Mutter, die das gesamte Lebensfeld der Tochter betreffen: Die Mutter weiß eben alles besser, natürlich auch, dass ihre Tochter den faschen Mann geheiratet hat.

Manuela:
»Für meine Mutter war ich nie gut genug. Immer war mein Bruder der Maßstab, an dem ich gemessen wurde. Er war sauberer, netter, intelligenter und also liebenswerter.

Natürlich wollte ich auch sauber, nett und intelligent sein, damit meine Mutter mich lieb haben konnte. Doch so sehr ich mich bemühte, es ist mir nie gelungen, bis heute nicht, denn obwohl sie seit 17 Jahren tot ist, ringe ich darum, geliebt zu werden, indem ich ihren Anforderungen gerecht zu werden versuche.

Als ich einen Sohn bekam, war ich froh. Jungen waren immer noch die vollkommenere Leistung. Außerdem war ich ihm gegenüber nicht so voreingenommen. Er konnte alles sein und werden – für all seine Vorlieben hatte ich das Interesse einer aufmerksamen Beobachterin. All seine Talente wurden von mir bewundert. Eine Tochter dagegen ist wie ein Spiegel. Die Mutter weiß genau, was ihr blüht. Sie weiß, was das Mädchen sich wünscht, denn auch sie war einmal ein Mädchen. Und sie weiß, was von ihren Wünschen blieb, als sie erwachsen wurde und lernte, ihre Rolle zu spielen. Mädchen werden geboren mit der Zukunft, eigene Bedürfnisse zurückzustellen, um die Bedürfnisse der Familie zu erfüllen – auch heute noch!«

Manuela hat unter der Ungleichbehandlung ihrer Mutter, unter der Zurücksetzung gegenüber ihrem Bruder gelitten, der Muttis Liebling war, die Prinzenrolle übernahm und damit völlig überfordert war.

Roswitha, 57:
»Meine Beziehung zu meiner Mutter war schon immer belastet, wodurch auch immer. Ich führte neben meinen beiden Schwestern ein Schattendasein, war allenfalls geduldet. Trotzdem ließ ich nicht nach, meiner Mutter eine gute Tochter zu sein. Ich glaubte, ich müsse mich nur noch mehr bemühen, um geliebt und anerkannt zu werden, und versuchte permanent über außergewöhnliche Leistungen die Aufmerksamkeit meiner Mutter auf mich zu richten. Es klappte nie, ich fand nie ihre Beachtung. Als ich selbst schon verheiratet war und durch meine Berufstätigkeit eigene finanzielle Mittel hatte, wollte ich meiner Mutter ein ganz besonderes, unvergessliches Weihnachtsgeschenk machen (vielleicht auch, um unbewusst meine beiden Schwestern auszustechen). Ich hatte mein Weihnachtsgeld und das, was ich während des Jahres gespart hatte, zusammengelegt, um meiner Mutter eine 14-tägige Reise nach Teneriffa im 4-Sterne-Hotel zu schenken.

In freudiger Erwartung harrte ich auf ihre Reaktion. Statt sich für dieses großzügige Geschenk zu bedanken und Freude und Überraschung zum Ausdruck zu bringen, erntete ich eine erneute schmerzhafte Zurückweisung, denn ohne einen Grund anzugeben, sagte meine Mutter: ›Die Reise kannst du stornieren, ich will das nicht!‹ Wieder hatte ich – wie immer in meinem Leben – das Gefühl, machen zu können, was ich wollte. Ich hatte bei ihr einfach keine Chance!«

Kränkungen durch die Tochter

Es gibt Mütter, die sind tief im Inneren neidisch auf ihre Tochter. Die Tochter hat aufgrund ihres jüngeren Alters, ihrer besseren Gesundheit, ihrer finanziellen Unabhängigkeit usw. mehr Möglichkeiten, das Leben zu genießen, als die Mutter. Die Tochter ist in ihrer Jugend und (möglichen) Attraktivität ein Spiegel für die Mutter und macht ihr schmerzlich bewusst, dass ihre Zeit abgelaufen ist.

»Wenn ich meine erwachsene Tochter so ansehe, in der Blüte ihres Lebens, mit ebenmäßiger Vollkommenheit, dann kann ich richtig neidisch werden. Mich überkommt dann Wehmut und ich denke, dass mein Leben an mir vorübergezogen und damit alles vorbei ist. Mich macht das traurig, im Vergleich mit meiner Tochter erkennen zu müssen, wie sehr ich schon abgebaut habe, was alles von meiner einstigen Attraktivität und Jugend verloren gegangen ist.«

Hat eine Mutter ein derart vermindertes Selbstwertgefühl, reichen die geringsten Anlässe aus, sich von der Tochter gekränkt zu fühlen.

Auch löst die Zuwendung der heranwachsenden Tochter zu ihrem Vater häufig narzisstische Kränkungen bei der Mutter aus. Und wie im Märchen von Schneewittchen symbolisiert, wird die Tochter von der Mutter dafür verstoßen.

Wenn man geneigt ist, in diesen Fällen eher die Tochter zu bemitleiden, nimmt man gern Partei für die Mutter, wenn Töchter ihre Mütter bewusst kränken, indem sie z.B. als Rache für früher erlittene Kränkungen (Ungerechtigkeiten, Zurückweisungen usw.) die Mutter an ihrem »wunden Punkt« attackieren, den Kontakt zur Mutter reduzieren oder abbrechen und der Mutter die Enkelkinder vorenthalten.

So wie der »berühmte Vater« für den Sohn kann für die Tochter die »unerreichbare Mutter« ein Problem sein:

Iris:
»Ich genoss es regelrecht, meiner Mutter in regelmäßigen Abständen eine Abfuhr zu erteilen, als Strafe dafür, dass sie alles besser wusste und konnte und mir überall die Schau stahl durch ihre Beliebtheit. Klug, hübsch, beliebt, erfolgreich. Wer eine Mutter hat, die derartige Attribute auf sich vereinigt, empfindet das als Strafe! Besonders, wenn man

selbst das alles nicht vorzuweisen und ein solches ›Wunderexemplar‹ ständig vor der Nase hat und das ein Leben lang. Und dann musste ich diese verzückten Gesichter ertragen, wenn nur das Gespräch auf meine Mutter kam. Überall war sie der Mittelpunkt, unübersehbar, unüberhörbar. Alle Leute liebten und bewunderten sie und meinten, mir das auch noch immer besonders mitteilen zu müssen. Ich fand das grauenhaft. Keiner von denen, die Lobeshymnen über meine Mutter ausbrachten, merkte auch nur ansatzweise, wie maskenhaft mein Lächeln wurde, wenn es wieder hieß: ›Deine Mutter ist wirklich eine tolle Frau, du kannst sehr stolz auf sie sein.‹ Dabei hatten alle objektiv gesehen recht. Alles, was diese Frau anpackte, funktionierte. Alles machte sie zu einem Erfolg. Sie war sehr belastbar und fleißig und verdiente jede Menge Geld. Sie hatte Power für drei, einen wundervollen Freundeskreis, einen Mann, der sie verehrte und vergötterte. Nur ihre Tochter machte ihr Kummer, weil sie nicht in die richtige Richtung marschierte, die sie sich für mich vorgestellt hatte. Genau genommen wollte sie aus mir etwas ganz Besonderes machen, etwas, was sie vielleicht gern selbst ausprobiert hätte, womit sie sich schmücken und ihren Freunden imponieren konnte. Es war für mich damals, als die Weichenstellung für meine spätere Laufbahn erfolgte, ein Genuss, ihr eine Abfuhr zu erteilen und ihr unmissverständlich klarzumachen, dass ich von nun an über mich selbst bestimmte und mir von niemandem mehr dreinreden ließ. Ich hatte nur eines im Sinn, sie mit meinem Wunsch, einen sozialen, unterbezahlten Beruf zu ergreifen, ordentlich vor den Kopf zu stoßen. Die abfälligen Bemerkungen meiner Mutter über Berufe mit Helfersyndrom waren für mich ein Grund mehr, genau in diese Richtung zu gehen. Hauptsache war für mich damals nur, nicht ihren Vorstellungen zu folgen und mich von ihr nicht fernsteuern zu lassen. Je mehr sie mich zu manipulieren versuchte, umso bockiger wurde ich. Ich wollte endlich mal mein Ding machen, meinen Weg allein suchen und finden und vieles ausprobieren. Vor allem wollte ich eigene Erfahrungen machen und mir nicht immer von meiner Mutter anhören, was ich kann oder soll oder was für mich gut ist. Dass mein sozialer Beruf, den ich aus Protest meiner Mutter gegenüber ergriffen hatte, nicht der ›große Wurf‹ war, war für mich zweitrangig. Ich wollte nur eines: autark sein, mir selbst und vor allem meiner Mutter beweisen, dass ich es allein schaffe. Und Voraussetzung dafür war zunächst die räumliche Trennung, möglichst weit von meiner Mutter weg. Im Laufe der Zeit mauserte sich aus dem kleinen Mädchen eine Frau, die nicht länger im Schatten der Mutter stand und mit einem frisch gewachsenen Selbstbewusstsein wuchs der Draht zu ihr. Heute ist es für mich kein Problem mehr, bei ihr anzurufen, wenn ich Rat brauche, und heute profitiere ich gern von ihrer pragmatischen Art, Dinge anzugehen und Problemlösungen zu finden. Voraussetzung für unser heutiges gutes, kameradschaftliches, vertrauensvolles und gleichberechtigtes Verhältnis war ein langer Prozess, in dem auch sie lernen musste, sich zurückzunehmen, mich meinen Weg gehen zu lassen und Entwicklungen abzuwarten.«

Ratschläge für den Mutter-Tochter-Konflikt

- Um gesund und glücklich zu sein oder zu werden, ist es wichtig, sich bewusst zu machen, in welcher Weise die Geschichte der Mutter die eigene Gesundheit und Lebenseinstellung beeinflusst hat und weiterhin bestimmt.

- Es stellt sich für die Tochter die Aufgabe der *Aussöhnung* mit der Mutter.

- Eine Aussöhnung zwischen Mutter und Tochter ist grundsätzlich möglich. Dabei geht es vor allem darum zu verstehen, warum diese Frau zu dieser speziellen Mutter geworden ist. Ein Suchen und Finden in der Herkunftsfamilie ist unumgänglich.

- Reden Sie mit Ihrer Mutter, auch wenn das ein schmerzhafter Prozess ist. Teilen Sie Ihrer Mutter Ihre kindliche Wahrnehmung mit. Hier geht es nicht um Vorwürfe, sondern um das Verbalisieren eigener Gefühle und Standpunkte. Darauf hat jede Tochter ein Recht. Vergebung ist nur möglich, wenn es gelingt, sich in die spezielle Situation der Mutter zu versetzen. Das Verständnis der Tochter für die Biographie ihrer Mutter ist ein erster Schritt dazu.

- Am sichersten können wir unbewusste Kränkungen vermeiden, indem wir versuchen, einen Menschen zu verstehen. Sehr hilfreich ist auch die Kenntnis über seinen persönlichen Hintergrund. *Verständnis und Mitgefühl sind die Voraussetzung für Versöhnung.* Versöhnung beginnt da, wo wir aufhören, den anderen abzuwerten.

Die Soziologin Marianne Krüll[8] versteht die Aussöhnung mit der Mutter als Beitrag und Grundlage für die Solidarität unter Frauen. Töchter, die aufhören können, den Fehlern ihrer Mütter nachzujammern, entwickeln Kraft und weibliche Stärke.

Für die Ärztin Northrup[7] heißt die wichtigste Medizin »Vergebung«:
»Was auch zwischen Ihnen und Ihrer Mutter geschehen ist oder geschieht, Sie können dies und sich selbst durch die Macht der Vergebung heilen. Vergeben ist der wahre Schlüssel zum Loslassen. Es befreit sie von der Vergangenheit und gibt Ihnen Ihr Leben zurück.«

Der Weg zum gleichberechtigten Umgang miteinander ist lang und oft genug auch dornenreich. Er führt aber immer dann zum Erfolg, wenn es gelingt, mehr Toleranz füreinander zu entwickeln. (Literaturtipps siehe Anhang)

7. Verletzungen in der Ehe

Intensive Gefühle und Nähe machen verletzlich und manche dieser Verletzungen sind nie wieder gutzumachen. Verliebt, verlobt, verheiratet – das Glück auf Erden wurde schon immer in festen Partnerschaften gesucht. Hier erhoffte man sich die Erfüllung lang ersehnter Wünsche: Geborgenheit in der Beziehung, Anerkennung durch den Partner und ein erfülltes Liebesleben.

Viele Paare stellen jedoch fest, dass diese glückliche Zeit auch ein Ende haben kann. Mit den Jahren lässt die Begeisterung füreinander nach und man empfindet nicht mehr so viel für den anderen.

Eintönigkeit bestimmt das Geschehen in den Ehen. Das Liebesleben findet nur noch vereinzelt statt oder macht nur dem einen Partner Spaß. Bald geht der eine fremd, bald quält der andere sich mit Trennungsgedanken. Über die Jahre finden sich die Partner mit diesem Zustand ab oder trennen sich.

»Verklemmte Kuh, du bist genauso spießig wie deine Mutter.« Oft fallen solche Hass-Sätze im Streit. Im Kern haben sie die Botschaft: Du bist nicht okay, so wie du bist – und das, obwohl man kurz zuvor schwor, man liebe alles am Partner. Worte sind leicht gesagt, doch sie richten oft einen größeren Schaden an, als man zunächst denkt. Vor allem, wenn man dabei auch noch eine Schwachstelle des anderen trifft. *Worte können scharf sein wie Waffen.* Das Schlimme ist, dass man die Verletzungen nie wieder zurücknehmen kann. Eine Frau wird die *»verklemmte Kuh«* nicht wieder vergessen – ganz egal, wie reuig sich der ausgerastete Ehemann später zeigt. Sie wird immer denken: Im Grunde findet er mich doof. Die Liebe hat einen Kratzer. Und der geht nicht mehr raus. Wer dazu neigt, beim Streiten außer Kontrol-

le zu geraten, sollte sich in klaren Momenten vergegenwärtigen, dass er den anderen nicht verletzen darf. Er muss lernen, sich zu kontrollieren. Sagen Sie sich: Wertschätzung ist mir wichtiger als Wut. So können Sie im Eifer des Gefechts einen Gang zurückschalten.

Wir alle brauchen Sicherheit und Bestätigung. Es ist Ihr gutes Recht, nicht immer mit Ihrem Partner synchron zu laufen und bestimmte Dinge nicht tun zu wollen. Wer aber grundsätzlich auf seinem Recht der Individualität besteht, der riskiert den Verlust der Partnerschaft, denn eine Partnerschaft ist immer mit Zielen und gemeinsamer Entwicklung verbunden. Gemeinsame Ziele schweißen zusammen. Wer sich vor definitiven Aussagen drückt, versündigt sich am Partner, denn der hat keinerlei Orientierung und damit auch keine Sicherheit. Ausflüchte bringen nichts, denn Partner kennen sich so gut, dass sie vorgeschobene Argumente sehr schnell entlarven. Seien Sie ehrlich, auch wenn's schwerfällt und auch wenn Sie dadurch Nachteile befürchten. Sie verspielen ansonsten Ihr Vertrauenskapital. Man kann auch in einer Partnerschaft nicht immer gefallen.

Eine schwere Kränkung in einer Ehe oder Partnerschaft sind *Missachtungen*. Am Anfang denkt man, man muss nicht über alles reden, weil man sich ja so gut versteht und es so gut läuft. Aber das ist falsch, *denn Achtlosigkeit in kleinen Dingen ist ein erstes ernstes Zeichen dafür, dass das Interesse am anderen nachlässt.*

Leider kann man nicht ewig über den Wolken wohnen. Es bleibt nie, wie es mal war, weil man sich in einer Partnerschaft immer weiterentwickelt. Ein schleichender Respektverlust zeigt sich in ganz vielen kleinen Alltagssituationen. Wer lieblos ist, weiß den anderen nicht mehr zu schätzen, hält die Anwesenheit und die Anstrengungen des anderen für selbstverständlich. Wenn man dem anderen seine Wertschätzung nicht immer wieder zeigt, fühlt sich der auf den Verdiener oder Versorger reduziert.

Wir haben alle die Tendenz, uns schnell mit den kleinen Fehlern unseres Partners zu arrangieren. *»So schlimm ist das ja nicht!«*, sagen wir uns und schlucken die unliebsamen Bemerkungen und Verhaltensweisen. Über die Jahre sammeln wir so eine große Anzahl kleiner Verletzungen, die sich mehr und mehr auf unser Gemüt legen und die Liebe zerstören. So gehen uns Freude und Lust am Partner verloren.

Auch kleine Verletzungen müssen ernst genommen werden, denn jeder Nadelstich tut weh! Statt sie zu sammeln, sollten Sie sie ansprechen. Machen Sie den Berg der Verletzungen zum Thema, aber nicht in Vorwürfen und Hassausbrüchen und auch nicht in Klagen oder Wutausbrüchen. Versuchen Sie einmal, sich etwas vom Partner zu wünschen. Forderungen kann man sich widersetzen – Wünsche aber können in Erfüllung gehen.

Wenn Sie etwas erreichen wollen und möchten, dass Ihnen Ihr Partner zuhört, dann reden Sie davon, wie sehr Sie die Missachtungen und Verletzungen schmerzen. Versuchen Sie, statt den Partner anzugreifen und ihn in eine Verteidigungshaltung zu bringen, das Herz Ihres Partners zu rühren.

Oft ist es uns zu anstrengend, am Ende eines stressigen Tages Missverständnisse zu klären, weil wir selbst zu erschöpft sind und uns alles zu viel ist. Lieber lassen wir alles laufen und so bleiben Missverständnisse im Raum stehen. Schnell kommt es dann dazu, dass wir bei der Beurteilung des Partners von falschen Sichtweisen ausgehen. Weitere und größere Missverständnisse sind die Folge, die eine Kluft zwischen den Partnern hinterlassen. Schließlich fühlt sich niemand mehr richtig verstanden.

Wenn Sie den Eindruck haben, dass Ihr Partner Sie nicht versteht, dann suchen Sie bitte das Gespräch und versuchen Sie immer wieder, ihm Ihren Standpunkt zu erklären. Es gibt viele Arten, sich verständlich zu machen. Oft meinen wir nur, dass wir uns klar ausdrücken, aber kein Mensch versteht uns. Gerade zwischen Frauen und Männern geschieht das oft. Seien Sie geduldig mit Ihrem Partner, warten Sie vielleicht einen Tag ab und versuchen es noch einmal oder auf eine andere Art.

Es gibt Verletzungen, die wir unserem Partner nicht so einfach verzeihen können. Ein *»Entschuldige bitte!«* reicht da in der Regel nicht. Außerdem: Wenn ich meinen Partner verletzt habe, so habe ich Schuld auf mich geladen. Diese Schuld kann der andere mir aber nicht nehmen, weil sie nicht zu ihm gehört. Eine Entschuldigung gibt es also gar nicht. Viel besser ist es, wenn der Partner, der verletzt hat, zu seiner Tat steht. Tiefe Wunden müssen schließlich heilen können. Am besten geschieht dies, indem Sie sich um die Verletzung kümmern, die sie Ihrem Partner zugefügt haben.

Gehen Sie auf Ihren Partner zu und fragen Sie ihn nach dem Ausmaß der Verletzung und nach der Größe des Schmerzes. Und bitten Sie ihn um Verzeihung: *»Das tut mir leid. Es schmerzt mich, zu sehen, wie sehr ich dich verletzt habe.«*

Oft werden in Partnerschaften neue Ängste ausgelöst und alte wieder zum Leben erweckt. Gerade, wenn es um persönliche und körperliche Nähe geht, können Distanzierungswünsche beim Partner auftreten. Hier sind Grenzen überschritten worden, die für den Partner einen wichtigen Schutz vor realen oder befürchteten Verletzungen darstellen. Diesen Schutz zu respektieren ist Aufgabe des Partners. Denn jede Grenzüberschreitung verletzt erneut und bewirkt, dass der Schutzwall größer wird. Der verletzte Partner wird quasi dazu gezwungen, auf Abstand zu gehen.

Oft sind Partner in ihrer Beziehung schon so festgefahren, dass Tipps und Ratschläge nicht mehr helfen. Auf diese Paare kommt unweigerlich die Frage zu, ob sie alles beim Alten lassen wollen oder eine wirkliche Wende zum Besseren beabsichtigen – notfalls mithilfe einer professionellen Beratung.

Der Fernsehfilm *»Der Traum vom Süden«* (2004, WDR, 24.6.2006) machte deutlich, was innerhalb von 25 Ehejahren aus einem Paar werden kann und wie viele Träume auf der Strecke bleiben können, weil sie in der Routine des Alltags erstickten.

Zur Handlung:
Nachdem Werner Wallner und seine Frau Henriette 25 Jahre lang mit großem Erfolg ihr Modehaus in Hamburg geleitet haben, wollen sie sich nun einen Lebenstraum erfüllen: Das glückliche Paar hat sich ein idyllisches Haus in der Nähe von Malaga gekauft, um nun unter südlicher Sonne das Leben zu genießen.

Für die Kinder der beiden kommt diese Nachricht völlig unerwartet. Sohn Thomas wird die Leitung der Firma übertragen, während die allein erziehende Tochter Elke das elterliche Einfamilienhaus überschrieben bekommt.

Allerdings gestaltet sich der fröhliche »Start ins neue Leben« für Henriette und Werner ziemlich turbulent. In Malaga angekommen erleben sie eine böse Überraschung: Weil der Transporter unterwegs liegen geblieben ist, haben sie zwar ein Haus mit Meerblick, aber ohne Möbel. Und wegen akuten Wassermangels tröpfelt aus sämtlichen Wasserhähnen nur rostig-braune Brühe. Nach 25 Jahren reibungsloser Eheroutine droht der Traum vom Süden für das harmonische Paar zum Albtraum zu werden.

Anstatt das Leben und die Liebe zu genießen, bekommen Henriette und Werner wegen jeder Kleinigkeit den größten Krach und geraten in eine zuvor nie gekannte Krise. Ihre neureichen Nachbarn, das Makler-Ehepaar Doris und Achim Höppner, sorgen für zusätzliche Verwicklungen, da die aufreizende Doris hemmungslos mit Werner flirtet.

Mit tatkräftiger Hilfe ihrer alten Freunde Vera und Erich scheint es Henriette und Werner zunächst zu gelingen, ihre kleine Ehekrise zu überwinden. Als dann aber das lang ersehnte Weihnachtsfest alles andere als besinnlich verläuft, platzt Henriette der Kragen. Hals über Kopf kehrt sie nach Deutschland zurück, um mit Tochter Elke einen Hochzeitstorten-Salon zu eröffnen. Werner bleibt alleine im gemeinsamen »Traumhaus« zurück. Es dauert jedoch nicht lange, bis die beiden merken, dass sie ohne einander einfach nicht auskommen. Kurz entschlossen verkauft Werner das Haus am Meer und folgt »seiner« Henriette zurück nach Deutschland.

Dieser Film zeigt Liebe und Eifersucht, romantische Ideale und ernüchternde Realitäten. Henriette und Werner hielten sich für ein glückliches Paar, das plötzlich erkennen muss, wie sehr ihre Ehe in alltäglicher Routine erstarrt ist.

Henriette ist durch die Flirterei ihres Mannes mit der neuen Nachbarin verletzt, aber auch durch manche Eigenmächtigkeit, durch die Nichtanerkennung ihrer Lebensleistung und natürlich durch das Fehlen eines Wir-Gefühls. Sie hat mit ihrem Mann gemeinsam eine Firma aufgebaut. Der aber tut so, als sei das sein Lebenswerk. Henriette ist in all den Jahren von ihrem Mann unterschätzt worden und will es ihm nun zeigen, wozu sie imstande ist.

Neben den aufbrechenden Eheschwierigkeiten eines alten Ehepaares brechen zusätzlich andere Konflikte bei der Firmenübergabe des Lebenswerkes der Eltern auf. Der Sohn, der nun Chef ist, krempelt alles um und führt den Betrieb nach seinen Vorstellungen. Das kränkt den Vater, der sein Lebenswerk in Frage gestellt sieht und seine Firma, die nun aber die seines Sohnes ist, in seiner Weise fortgeführt haben möchte. Der Konflikt ist der von neuem Wein in alten Schläuchen. Der Sohn wehrt sich gegen die permanente Einmischung seines Vaters, der nicht loslassen kann. Der Sohn ist ebenfalls gekränkt, weil er spürt, dass sein Vater ihm und seinen Ideen und Veränderungen nicht traut. Mehr dazu im Teil 2, Kapitel 14 »Kränkungen bei der Übergabe eines Familienunternehmens«.

8. Kränkung und Enttäuschung einer betrogenen Ehefrau

In dem Erfolgsroman von Anita Lenz, »*Wer liebt, hat recht*«, beschreibt die Autorin, wie ihre Ehe mit einem Wissenschaftler zerbricht. Das Paar führt über viele Jahre eine Wochenendbeziehung. Sie lebt als Journalistin in einer Berliner Altstadtwohnung, ihr Mann lehrt in Tübingen, pendelt aber regelmäßig von Tübingen nach Berlin. 28 Jahre geht das gut, dann entdeckt die mittlerweile 55-jährige Ehefrau, dass ihr Mann nicht nur eine Geliebte hat, sondern auch noch ein Kind mit dieser anderen Frau.

Anita Lenz, die vom Ehebruch ihres Mannes betroffene Autorin, schrieb sich in ihrem Roman ihren Zorn, ihre Angst, ihre Eifersucht, aber auch ihre Hilflosigkeit vom Herzen und traf offensichtlich den Nerv vieler Leserinnen. Der autobiographische Roman führte Anfang des Jahres 2002 die Bestsellerlisten an.

Eine andere betrogene und allseits bekannte Frau ist die ZDF-Sprecherin Heike Maurer. Ein simples Telefonat hat ihr Leben grundlegend verändert und ihr Weltbild ins Wanken gebracht. Als ihr treuloser Ehemann seine Geliebte anrufen wollte, landete er aus Versehen bei ihr. Er hatte die Wahlwiederholungstaste auf seinem Handy gedrückt. Kurz zuvor noch hatte er seiner Frau gesagt, er sei müde und werde zeitig zu Bett gehen. Heike Maurer aber musste ihn hellwach säuseln hören: *»Ich bin gleich da, Liebling, bestell schon mal eine Pizza!«*

So musste die damalige ZDF-Nachrichtensprecherin herausfinden, dass der Mann, mit dem sie seit fünf Jahren verheiratet war, eine Geliebte hatte. Nach Tränen, Aussprachen und Wut versöhnte sich das Paar wieder. Ihr Mann versprach, die außereheliche

Beziehung zu beenden. Zunächst einmal ging alles gut. Doch als irgendwann die Geliebte ihres Mannes Heike Maurer anrief, stellte sich heraus, dass ihr Mann ein weiteres Mal gelogen hatte, denn dessen Affäre war in der Zwischenzeit munter weitergegangen. Heike Maurer, die betrogene Ehefrau, zog die Notbremse. Ihre Erfahrungen hat sie in ihrem Buch *»Wenn Männer lügen«* verarbeitet. Sie sammelte Fallbeispiele bei Freunden und Bekannten, studierte Fachliteratur, führte Gespräche mit Psychologen und Soziologen. Ihr Fazit: Männer sind größere Geheimniskrämer als Frauen, sie starten häufiger Täuschungsmanöver, sind feige und lügen routinierter.

Die »Yellow-Press« zelebrierte jahrelang die Eheprobleme von Prinz Charles und Prinzessin Diana wegen Camilla Parker-Bowles, der Dritten im Bunde. Die jahrelangen Kränkungen in diesem Dreiecksverhältnis und der Kampf um Liebe und Anerkennung machten Diana krank. Darüber hinaus war Diana nicht auf ihre Aufgabe, ein Königshaus perfekt vor aller Welt zu repräsentieren, vorbereitet. Wer solchen stahlharten Regeln entsprechen kann, hat das jahrhundertelange Training einer Aristokratie verinnerlicht. Wer dagegen solchen Regeln nur entsprechen will, ohne die Haltung schon früh eingeübt zu haben, wird krank. Er muss überspielen und das hat seinen Preis. Doch obwohl Diana nicht auf ihre Aufgabe vorbereitet war – stahl sie am Ende der Königsfamilie die Show. So groß die Publikumserfolge der *»Königin der Herzen«* auch waren, es blieb die Sehnsucht nach der starken Schulter.

Dianas seelische Leiden verursachten bei ihr eine »Borderline-Persönlichkeitsstörung« (BPS), die mit folgenden Symptomen einhergeht: extreme Stimmungsschwankungen, destruktives Verhalten, Angst vor Verlassenwerden, Schwierigkeiten, Verpflichtungen einzuhalten, Probleme mit stabilen Bindungen, Suizidgefahr, innere Leere und ein stark schwankendes Selbstwertgefühl. Bekannt wurden in der Öffentlichkeit Dianas Magersucht und Bulimie (Ess-Brech-Sucht). Zwischen Todessehnsucht und Lebenshunger schwankten die Gefühle der unglücklichen Prinzessin. Sie verfügte über keine geeigneten Mittel, mit Kränkung und Zurückweisung besser umgehen zu können, und zog sich durch Bulimie aus dem belasteten Leben zurück.

Viele Prominente könnten aufgezählt werden, die die berüchtigten *»Szenen einer Ehe«* nach einem Ehebruch liefern, die von Presse und Fernsehen dann spektakulär aufbereitet werden. Trotzdem sollte der unbeteiligten Öffentlichkeit klar sein, *dass es sich in allen Fällen um verletzte Gefühle handelt, um Wunden, die geschlagen wurden und von denen keiner weiß, ob sie jemals heilen.*

Im Rahmen eines Seminars redete sich eine betrogene Ehefrau ihren Frust von der Seele:

»Es war einmal ... vor langer Zeit. Vor siebzehn Jahren, unbeschwert, verliebt und mit unvorstellbar vielen Träumen. Gedankenlos waren wir in das Leben verliebt. Keine Gedanken wurden an die Zukunft verschwendet, es wurde einfach nur gelebt. Ich hatte alles, was man in diesem Alter braucht, kein Geld, aber Freunde, eine große Liebe und sehr viel Zeit, sie auszukosten. Zeit ist überhaupt ein wichtiger Faktor im Leben. Ein, zwei Jahre genossen wir die unbeschwerte Jugend.

Dann endlich bezogen wir unsere erste Wohnung, ohne große Ansprüche, aber als eigenes Reich. Es folgten die ersten Streitereien und die schönsten Versöhnungsnächte. Das Leben war unvorstellbar unbeschwert, auch die Gedanken waren so leicht und unwichtig. Dann war ich plötzlich und ungeplant schwanger. Ups, macht nichts, Kinder wollten wir ja ohnehin haben, nur noch nicht jetzt. Die Neugierde auf das in mir wachsende Leben war groß. Es war eine Schwangerschaft der schönen Träume. Die Vorfreude auf ein schönes Familienleben war unbändig. Wie viel Glück wir doch hatten ...

Als wir zur Entbindung fuhren, sagte ich noch: ›Wenn das Baby da ist, dann gehen wir mal so richtig feiern.‹ Mein Mann lächelte. Einen Tag später war alles ganz anders. Unser Baby war schwer krank. Es kam mit einem angeborenen Herzfehler zur Welt. Jede Sorglosigkeit verschwand aus unseren Gesichtern. Die Geburt unseres ersten Kindes war auch für mich eine Geburt ins Erwachsenwerden. Eine ganz andere Gedankenwelt eröffnete sich mir. Nichts mehr mit Feiern und An-die-Zukunft-Denken. Es folgten zwei Monate hunderte Kilometer entfernt von meiner großen Liebe. Es war unsere erste Trennung. Sehnsucht und Sorge wechselten in unvorstellbarer Schnelligkeit in vielen einsamen Nächten vor den sterilen Geräten, immer ein Auge auf das bisschen Leben, das dazwischen lag.

Nach unvorstellbaren Rückschlägen, Tränen, Hoffen und Bangen führte endlich, mit zwei Monaten Verspätung, der erste Weg nach Hause. Für mich gab es jetzt nur eines: Einfach mal Familie genießen. Wir waren stolz, alles hatte uns sehr zusammengeschweißt. Wir wuchsen mit unserer Aufgabe. Gleichzeitig aber steigerten sich auch die Gedanken an die Zukunft. Das Haus musste umgebaut werden. Alle um uns herum drängten auf Entscheidungen, verlangten nach dem Ernst des Lebens. Die Altbausanierung führte uns in eine finanzielle Enge und nahm uns die Zeit zu leben. Dazu kamen Schwiegermutter- und Verwandtschaftsstress. Alle waren wichtig. Sie stahlen uns Zeit und nahmen uns die Luft zum Atmen und die Lust zu lieben. Die ersten richtigen Streitereien begannen mit gegenseitigen Vorwürfen. Irgendwer musste doch schuld sein an diesem erdrückenden Gefühl.

Nach drei Jahren größter Anstrengungen waren wir stolz, so viel geschafft zu haben. Doch jeder arbeitete irgendwie schon für sich allein. Er dübelte und schraubte, ich entrümpelte und putzte. Er legte Böden, ich nähte Vorhänge. Abends, völlig übermüdet und ermattet, sahen wir uns erstmals richtig in die Augen. Doch etwas gemeinsam geschafft zu haben, bestärkte uns sehr. Dann meldete sich das zwei-

te Kind an, ganz komplikationslos. Eine Tochter wurde geboren. Es folgten endlose schlafgestörte Nächte, denn das Baby hielt mich mit seinem 4-Stunden-Rhythmus auf Trab. Mein Mann flüchtete in Männerfreundschaften. Eine schwere Zeit begann. Schwiegermutterstress und die Verwandtschaftsverhältnisse wurden immer schlechter, genau wie unsere Beziehung. Wir waren nie für uns allein. Immer war jemand um uns, der wichtig sein wollte. Dabei waren wir uns selber nicht mal sehr wichtig. Höhen und Tiefen wechselten und es schien, als bräuchten wir wenigstens unseren regelmäßigen Streit, um danach wieder zueinander zu finden, nur um wieder einmal intensiv miteinander zu reden, den anderen wahrzunehmen. Dann haben wir noch schnell geheiratet, damit die Familie einen Namen hat, bevor die Kinder in den Kindergarten kommen, emotionslos, unromantisch, förmlich. Zu dem Zeitpunkt war der Streit im Haus schon so groß, dass Schwiegermutter und Verwandtschaft endlich das Weite suchten. Seit langem die erste, große Freude, endlich allein. Alles beruhigte sich. Unsere Beziehung wuchs wieder. Wir spürten seit langem wieder unbeschwerte Liebe. Jeder wusste, was der andere brauchte. Wir erlebten einander als eingespieltes Team und endlich konnten wir Familie, Haus und Kinder genießen. Doch irgendwann machte sich Unlust breit. Der Reiz nach Neuem breitete sich, zumindest bei meinem Mann, aus. Ich war immer da, er entbehrte mich nie. Keine Sehnsucht mehr, stattdessen unerträgliche Sicherheit und die tötet jede Liebe. Erste kleine, unbeschwerte Urlaube entspannten die Lage. Wir waren offen für Neues und probierten, experimentierten und versuchten, aus der Routine herauszukommen. Doch alles half nichts. Erste Betrügereien begannen. Und immer wieder die Beteuerung, wie wichtig ihm trotz allem seine Familie ist. Liebesschwüre und gebrochene Versprechen folgten. Immer noch waren wir bereit, alles als normale Krise zu sehen, und immer redeten wir davon, wie schön wir es doch haben würden, wenn alles vorbei, die Kredite abgezahlt, die Kinder groß und aus dem Haus wären. Wir bastelten an einem Panorama für Fernziele. Ich stürzte mich in unvorstellbar viel Arbeit, um ihn finanziell zu entlasten, hatte dadurch aber kaum noch Zeit für die Kinder, den Haushalt und für ihn. Jeder lebte plötzlich in seiner eigenen Welt und hin und wieder trafen wir uns zu unseren so vertrauten Stunden, um einfach abzuschalten. Mit Scheuklappen liefen wir durch das Leben, als würde es nichts anderes geben. Ich bin in einen Dornröschenschlaf gefallen. Nichts kam mehr von seiner Seite außer seiner ständigen Unzufriedenheit mit seinem Leben. Irgendwann kam der Knackpunkt. Er begann im Internet zu chatten. Ich wusste genau, wie das enden würde. Er flirtete ›on-line‹ und ließ seinen Frust über unsere Ehe bei anderen aus. Wir hatten ab jetzt überhaupt keine Zeit mehr füreinander. Wir versprachen einander, es nicht zu einer Gefährdung kommen zu lassen und redeten uns ein, es sei nur eine harmlose ›Abwechslung‹. Doch zu diesem Zeitpunkt fühlte ich schon, dass ich ihn verlieren würde, konnte aber nichts dagegen tun. Zusehends versank ich in Depressionen. Ich hoffte und bangte, lenkte mich mit allen möglichen Dingen ab und versuchte immer wieder, ›Normalität‹ zu schaffen. Alles scheiterte an der Sicherheit. Ich war immer da, gleichgültig, was er machte, sich herausnahm oder anstellte.

Dann war sie eines Tages da, die Geliebte. Ich fühlte mich ausgeschlossen und betrogen von beiden, von meinem Mann und ihr. Dabei haben wir so viel geredet über Krisen in der Ehe. Ich habe die Geliebte meines Mannes angefleht, ihn freizugeben und sich nicht zwischen uns zu drängen. Nichts ist leichter zu ›knacken‹ als eine kriselnde Ehe. Es war eben nicht mehr nur so ein kleiner, verzeihbarer Seitensprung, den man als Irrtum abtun konnte. Sein Versuch, beides zu haben, Familie und Geliebte, scheiterte an meinem Stolz, an der Verteidigung meiner Selbstachtung und Würde. Es gibt viele Verletzungen zwischen Menschen mit Worten, Gewalt, Ignoranz, aber einfach nur ›ausgedient‹ zu haben und in die Ecke gestellt zu werden, ist das Schlimmste. Dabei hatte ich so viele Jahre zu ihm gestanden, alles in Kauf genommen, ihn bedingungslos geliebt. Er dagegen liebte immer mit Vorbehalten. ›Wenn du das oder das machst, dann bist du liebenswert›, wollte er mir suggerieren. Jegliches Zurückdenken an die erste Zeit lässt mich in eine tiefe Lethargie verfallen. Wie viele Träume hatte ich, die ich nun alle begraben musste. Diese unbändige Liebe, die er mir einst schenkte, wurde nun einer anderen zuteil und das schnürte mir die Kehle zu und nahm mir die Luft zum Atmen. Selbst an einen Neuanfang konnte ich nicht mehr glauben in einer Zeit, wo die Verletzung zu tief und das Vertrauen so missbraucht wurde. Seine Beteuerungen, mich zu lieben, klangen wie ein Hohn. Seine Versuche, sein Verhalten, mich gegen eine Geliebte ›umzutauschen‹, als normal anzusehen, ließen mich daran zweifeln, ob er jemals Charakter besessen hatte. Mein Fehler war bestimmt, dass meine Vorstellungen von der Ehe zu idealistisch gewesen waren. Ich bin auch heute noch davon überzeugt, dass wir auch diese Krise, wie alle vorausgegangenen, wieder geschafft hätten, wenn es nicht Frauen gäbe, die regelrecht ihre ›Macht‹ ausspielen, um eine 14-jährige Beziehung mit allen Höhen und Tiefen auseinanderzubringen. Mit welcher Leichtigkeit ernten Geliebte Liebe von einem Mann, dessen Frau zu Hause resigniert hat und vor lauter Schmerz blockiert ist. Welche betrogene Ehefrau schafft es, um den zu kämpfen, der gerade noch in den Armen der Geliebten lag? Man dreht sich verletzt zur Seite und weint still vor sich hin. Ich weiß natürlich, dass es irgendwie weitergeht. Das Leben geht immer weiter, irgendwie. Nicht alles lässt sich rechtfertigen mit der ›Leichtigkeit des Seins‹. Gefragt werden muss auch nach der Verantwortung für Menschen, die man sich vertraut gemacht hat, und danach, wer am Ende den Preis zu zahlen hat.«

Viele Betrogene wollen es zunächst nicht wahrhaben, nichts spüren, lieber verdrängen, um keine Konsequenzen ziehen zu müssen. Sie stellen sich bei Anfangsverdacht dumm und hoffen, dass die Sache vorübergehen möge wie ein Husten oder Schnupfen. Es wird nichts geklärt, darauf verzichtet, Staub aufzuwirbeln, aber infolgedessen auch nichts dazugelernt. Viele Betrogene umgeben sich mit einem Schutzwall aus trügerischer Sicherheit. Sie resultiert aus der Angst, dass mit der Wahrheit alles aufbrechen könnte, vielleicht sogar aus sein könnte. Viele Betrogene ahnen etwas und diese Ahnungen sind fürchterlich und angstauslösend. Man zweifelt an der eigenen Selbstwahrnehmung, nimmt zwar die Zeichen eines Betruges zur Kenntnis und denkt, verrückt zu sein oder sich etwas einzubilden. Man möchte dem Partner weiter vertrauen, aber man registriert, dass er sich so merkwürdig verhält. Man möchte nicht von einem Tag auf den anderen alle Maßstäbe verlieren, die sich über Jahre als tauglich erwiesen. *Betrogene erleben einen Betrug immer als Angriff auf ihr Selbstwertgefühl. Der sexuelle Betrug wird als eine tiefe Kränkung empfunden, eine Kränkung am eigenen Leib. Die Phantasien des Betrogenen werden unerträglich. Man vergleicht sich mit der/dem Dritten im Bunde, die/der schöner, jünger und erotischer sein muss.* Hinzu kommt für Betrogene das Problem der Geheimhaltung, denn wer möchte schon, dass der eigene Name im Zusammenhang mit einem Seitensprung oder einer Affäre fällt? Betrogene wissen darüber hinaus, dass ein sexueller Betrug einem Bündnis entspricht, aus dem sie ausgeschlossen sind.

Es gibt viele Geschichten, Krimis, Romane, Operetten, Schlager, deren Hintergrund Betrug oder Seitensprung ist. Ohne Seitensprung keine Wahlverwandtschaften, keine der großen Ehebruchromane des 19. Jahrhunderts, keine Anna Karenina und keine Effi Briest. Untreue und Folgen kurbeln Vorabendserien an, den Verkauf von Heftchenromanen und Illustrierten. Alles singt, rappt und schreit *vom Schmerz des Betrogenseins.* Das »gequälte Herz« ist der Stoff, der sich gut vermarkten lässt, weil er eine Identifikation ermöglicht und die Gefühlsebene vieler berührt.

9. Der »Schwiegermutter-Komplex«

Die Worte allein lösen bei vielen Frauen sofort negative Assoziationen aus: »Schwiegermutter« und »Schwiegertochter«. Die Beziehung zwischen den beiden Frauen ist oft angespannt, sie sind im schlimmsten Fall sogar verfeindet. Die Probleme beginnen häufig schon beim ersten Treffen.

Wer kennt sie nicht, die unzähligen Witze über die *»böse Schwiegermutter«*? Da ich inzwischen sehr viele Frauen und Männer kennen gelernt habe, die tagtäglich in einem solchen »Witzzustand« leben müssen, ist mir das Lachen darüber vergangen.

Und tatsächlich: Es gibt Geschichten ohne Ende, in denen die Schwiegermutter, wie im bösen Märchen, genau diese Rolle spielt: sich einmischt in alle Eheangelegenheiten und Erziehungsfragen, ihren Sohn bzw. ihre Tochter an sich krallt und immer alles besser weiß – vor allem besser als die dazugehörige Schwiegertochter: Denn das angespannte Verhältnis zwischen Schwiegermutter und Schwiegertochter ist es meistens, das den Familienfrieden ins Wanken bringt, zu Dauerstress in der Partnerschaft führt, schlimmstenfalls sogar zur Trennung oder Scheidung.

Schwiegermütter werden schnell vorverurteilt und haben oft zu Unrecht einen schlechten Ruf. Es gibt viele Schwiegermütter und -töchter, die sich wirklich gut miteinander verstehen und den jeweils anderen als Bereicherung ansehen.

Die Schwiegermutter – für manche ein Reizwort – für manche Anlass zum Schmunzeln. Für die meisten aber ist der Satz *»Ich habe Probleme mit meiner Schwiegermutter«* Stichwort zum Abwinken oder zu der Aussage: *»Schwiegermutter – brauchst du mir nichts zu erzählen, ich habe selber eine.«*

Wer »ja« vor dem Traualtar sagt, der heiratet die Schwiegermutter gleich mit. Und selbst wenn die Beziehung Schwiegermutter/Schwiegertochter nicht unbedingt zum Problem werden muss, für den einen geht es um die eigene Mutter, eine der wichtigsten Bezugspersonen, für den Partner bleibt die Schwiegermutter – bei allem Respekt – eine Fremde.

Die Beziehungen zur Schwiegerfamilie sind oft schwieriger als zur eigenen Familie, weil sich die Beteiligten nicht freiwillig zusammengefunden haben und daher unvorbereitet mit Andersartigkeiten konfrontiert werden. In der Schwiegerfamilie herrschen unausgesprochene Regeln, nach denen dort schon immer gelebt wurde und die nie in Frage gestellt wurden. Traditionen, Sprache, verbale und nonverbale Kommunikation, der Umgang miteinander, verschiedene »Macken« und »Webfehler« sind allen bekannt, man weiß damit umzugehen.

Schwiegertöchter bringen oft – ohne dass es ihnen bewusst ist – eine ganz andere Tradition mit, die ihrer Familie, ihrer Mütter, manchmal auch schon einen eigenen Stil. Die *Schwiegertochter* versteht nicht, warum die Schwiegermutter so unflexibel ist und auf ihrem »altmodischen« Stil besteht und für Neuerungen nicht aufgeschlossen ist. Sie ist gekränkt, weil sie es so erlebt, als würden ihre Ideen, ihr Können in den Augen der Schwiegermutter nichts wert sein.

Die *Schwiegermutter* versteht nicht, warum jetzt auf einmal alles anders sein soll, wo sich doch so vieles über die Jahre bewährt hat. Sie empfindet es als eine enorme Kränkung, dass das, was jahrelang gut und richtig war, nun in Frage gestellt oder sogar geändert wird. Das gilt für den Umgang mit religiösen Traditionen, für die Einstellung zur Arbeit, zu den Rollen von Mann und Frau, zur Kindererziehung und vieles andere mehr.

In dem Moment, in dem Schwiegertöchter ins Spiel kommen, sind Schwiegermütter im Regelfall in einem Alter, in dem Frauen mit vielen Verlusten umgehen lernen müssen, und das kann ungerecht machen:

Sie altern und haben die Wechseljahre zu bewältigen. Ihre alten Eltern werden hilfsbedürftig und sterben. Ihre Partner, falls noch vorhanden, sind beruflich angespannt – und nun müssen sie auch noch ihre Kinder »hergeben«.

In ihrem Buch *»Die Mutter meines Mannes«* erklärt die Autorin Ruth Eder[9], wie sich die Schwiegermütter in dieser verlustreichen Situation an ihre Söhne klammern. Dabei nehmen die Machenschaften unter dem Deckmantel des »Mutter-Mythos« gelegentlich sogar kriminelle Ausmaße an. Einige haarsträubende Kostproben gibt die Autorin Ruth Gall[10] in ihrem Buch *»Problemfall Schwiegermutter«*: Stark verbreitet sei das Mittel der Verleumdung und des Rufmords, heißt es darin. Aussagen wie *»Das Kind ist nicht von meinem Sohn«*, *»Die will mich mit ihrem abscheulichen Fraß vergiften«* oder Anrufe beim Jugendamt oder dem Arbeitgeber der Schwiegertochter zählen zu den beliebtesten Boshaftigkeiten.

Andere Schwiegermütter werden, wie die Autorin berichtet, auch schon mal handgreiflich. *»Blumen und Sträucher im Garten sind häufig Opfer der Sachbeschädigung.«* Daneben gehören zerschnittene Wäsche, aufgeschlitzte Autoreifen und aufgebrochene Haustüren ins Repertoire. Auch das Briefgeheimnis sei den Schwiegermüttern nicht immer heilig. Sie durchschnüffelten die Post, steckten ihre Nase vorzugsweise in Sparbücher und Versicherungsverträge, gerne auch in Tagebücher.

Zudem sei Erpressung an der Tagesordnung. Mit Sätzen wie *»Dann bringe ich mich halt um«* habe schon so manche Schwiegermutter ihren Willen durchgesetzt. Subtiler gehen andere vor. *»Ihre Waffen heißen: weinen und schweigen«*, schreibt Petra Neumann-Prystaj, Autorin des Ratgebers *»Freundin, Feindin, Schwie-*

germutter«.[11] Sie tyrannisierten die Familie, indem sie durch permanentes Klagen und Jammern bei allen ein schlechtes Gewissen auslösten. Notfalls drohten sie mit Enterbung, sollte man sich nicht fortan besser um sie kümmern.

Aber warum handeln diese Frauen derart hinterhältig? Die Begründung ist eigentlich ganz einfach: Sie betrachten den Sohn als ihr persönliches Eigentum. Und diesen »Besitzstand« gilt es zu verteidigen.

Man hat ihnen ihr Kind weggenommen und »pflegt« es nicht einmal richtig, sei der Gedankengang, nach der Interpretation der Autorin. Zudem mache sich bei ihnen das Gefühl breit, von einer jüngeren, attraktiveren Rivalin vom Königinnenthron gestoßen worden zu sein. Und diese Rivalin erschüttert das Selbstbewusstsein der Schwiegermutter. Am Ende stünde die Erkenntnis, nur noch Nummer zwei im Leben des Sohnes zu sein. Im Gegenzug malträtierten sie ihre Schwiegertöchter mit offenen oder subtilen Kränkungen.

Schwiegertöchter können sich nur selten auf Hilfe und Unterstützung von ihren Männern verlassen, denn die befinden sich in einem Loyalitätskonflikt gegenüber ihren Müttern. Dabei käme ihnen die Aufgabe zu, klar für ihre Frau einzutreten und der Mutter Grenzen zu setzen. Sie müssten ihr die Stirn bieten und sagen: *»Wenn du sie ablehnst, lehnst du auch mich ab.«* Die Realität sieht oft anders aus: Männer fühlen sich von den gegensätzlichen Ansprüchen der beiden Frauen völlig überfordert und suchen instinktiv Schutz im Beruf, bei Hobbys, in der Kneipe oder hinter ihrer Zeitung. Ihre Ehefrauen sind gekränkt, fühlen sich unverstanden und im Stich gelassen.

Die starke Mutter-Sohn-Beziehung lässt sich mit der traditionellen Rollenverteilung von Vater und Mutter bei der Erziehung des Sohnes erklären: Der Vater ist berufsbedingt den ganzen Tag abwesend. Die Mutter ist es, die den Sohn erzieht, die seine Entwicklung zum Mann bestimmt, die ihn prägt. Die Folge: Symbiose mit der Mutter, Distanz zum Vater.

Die Möglichkeit, stabile Bindungen zu Mutter und Vater gleichzeitig zu leben, bietet sich selten. Der Sohn schafft es in dieser Konstellation nur schwer, sich von der Mutter zu lösen, sich zu distanzieren und unabhängig zu machen. In der Mutter-Sohn-Symbiose hat keiner gelernt, den anderen loszulassen.

Und so sind rivalisierende Schwiegermütter einfallsreich, wenn es darum geht, den Sohn weiterhin abhängig zu halten und der Schwiegertochter das Leben schwer zu machen. Gerade dort, wo der Sohn sich von der Mutter befreit glaubt – in der Ehe –, werden die Probleme besonders deutlich. Es gibt kuriose Situationen, in denen Mütter auch nach der Heirat ihrer Söhne unbeeindruckt weiter die Wäsche ihrer Söhne versorgen, ihnen ihr Lieblingsmenü kochen, obwohl dies eigentlich nicht mehr in ihren Zuständigkeitsbereich gehört und im Grunde eine ständige Provokation gegenüber der Schwiegertochter ist.

Ratschläge für den Umgang mit Schwiegermüttern

Wie können Aversionen, Ablehnung und Aggression zwischen Schwiegereltern und Schwiegerkindern vermieden werden? Wie kann Fremdheit überwunden werden mit dem Ziel, einander näher zu kommen? Welche vertrauensbildenden Maßnahmen können helfen, Gegensätze zu überwinden?

Ruth Eder[9] meint: »Hier läge der Ansatzpunkt für die junge Frau, Verständnis für die Situation der Schwiegermutter aufzubringen, statt sie abzulehnen.«

Teilnehmerinnen an meinen Seminaren haben folgende Erfahrungen gemacht:

Heidrun, 54:
»Ich habe die Erfahrung gemacht, dass es im Umgang mit der Schwiegermutter wichtig ist, sich mit dem Ehepartner einig zu sein. Nur das verhindert, dass eine Schwiegermutter es schafft, einen Keil zu treiben und sich als ›Spaltpilz‹ zerstörerisch in eine Ehe einzumischen. Es ist schon schwer, wenn man sein ganzes Leben in eigener Regie geführt hat und dann plötzlich jeder Handgriff von der Schwiegermutter kommentiert wird, die grundsätzlich alles besser weiß.«

Rita, 42:
»Meine Erfahrung ist, dass einen jeder Konflikt, dem man sich stellt, stärker macht. Ich kann Schwiegertöchter nur ermutigen, bei Konflikten mit der Schwiegermutter die Aussprache zu suchen, statt permanenten Ärger aufzustauen und sich zu quälen. Früher dachte ich immer, der ganze Stress mit den Schwiegereltern läge an mir, weil ich zu wenig kompromissbereit und manchmal zu direkt bin und mit der Tür ins Haus falle. Dabei habe ich gelernt, dass meine Schwiegereltern es nur nicht gewöhnt waren, dass ihnen jemand widerspricht oder auch nur seine Meinung sagt.«

Birgit, 45:
»Wenn man in einen Betrieb oder auf einen Bauernhof ›einheiratet‹, ist man zunächst optimistisch und nimmt alles lockerer. Anfangs bemühen sich alle, mit der Zeit aber kommt bei jedem das wahre Ich hervor und man reißt sich auch nicht mehr so zusammen. Zu Beginn ist noch viel Platz, dass sich etwas aufstauen kann, aber irgendwann ist das Fass voll. Dann stellt sich nur die Frage, aufgeben und davonlaufen oder sich auf einen Konflikt einlassen und für das, was einem wichtig ist, kämpfen. Mir hat der Kampf geholfen, die Grenzen abzustecken und seitdem werde ich, wenn schon nicht geliebt, so doch respektiert. Und das ist auch schon ein Sieg, der das Zusammenleben erleichtert.«

Manchmal ist es hilfreich, die Schwiegermutter an ihre Zeit als Schwiegertochter zu erinnern. Schwiegermütter und Schwiegertöchter sind oft recht vorsichtig damit, was sie sagen, erreichen damit aber nicht weniger Kränkung. Wenn vieles aufgestaut wurde, explodiert man früher oder später doch oder man verletzt durch indirekte Andeutungen.

Der *Sohn* steht oft zwischen zwei Frauen. Er möchte beide nicht kränken, denn er liebt beide. Er besetzt die Schlüsselrolle. Seiner Mutter müsste er sagen: *»Mama, mein Platz ist jetzt bei meiner Frau.«* Wenn die Mutter Kritik an der Schwiegertochter äußert, dann sollte er zunächst die Partei seiner Frau ergreifen. Wenn er nicht einer Meinung mit seiner Frau ist, sollte er ihr seine Kritik unter vier Augen sagen. Wenn das junge Paar anders entscheidet als die Eltern, könnte der Sohn seinen Eltern sagen: *»Mama, wir machen es auf unsere Weise und wir tragen alle Folgen.«* Oder er könnte seine Eltern fragen: *»Habt ihr als junge Erwachsene auch immer das getan, was eure Eltern verlangt haben?«* Und er müsste den Eltern sagen, dass seine Frau bereits erwachsen ist und sie nicht das Recht haben, sie zu »erziehen« oder zu bevormunden.

Den jungen Leuten könnte empfohlen werden: Machen Sie, was Sie für richtig halten und erwarten Sie nicht, dass Ihre Schwiegereltern das auch richtig finden. Den Schwiegereltern könnte bewusst gemacht werden: Erwarten Sie nicht, dass Ihre Schwiegerkinder es so machen, wie es Ihrer Lebenserfahrung entspricht. Die müssen ihre eigenen Erfahrungen (und auch die eigenen Fehler) machen. Wichtig ist es daher, trotz Ehrlichkeit und Offenheit respektvoll miteinander umzugehen. Es ist unstrittig, dass unterschiedliche Generationen nur dann harmonisch zusammenleben können, wenn klare Grenzen gesetzt werden und Rücksicht aufeinander genommen wird.

Krisen müssen nicht zwangsläufig zur Eskalation führen. Tipps und Ratschläge wirken oft Wunder, um Spannungen zu lösen. Doch der erste Schritt in die richtige Richtung ist die Erkenntnis, dass der Stress mit der Schwiegermutter nicht das Ende der Beziehung bedeuten muss.

Versuchen Sie in Konfliktsituationen, fair miteinander zu reden und sich über Meinungsverschiedenheiten auseinanderzusetzen, und stecken Sie dabei Ihre Positionen ab. Notfalls suchen Sie sich eine neutrale Instanz (Freunde, die von beiden Konfliktpartnern als solche angesehen werden), um Frust, Ängste und Sorgen abzuladen und voreinander auszusprechen.

Im Frau-Frau-Konflikt zwischen Schwiegertochter und Schwiegermutter dreht sich meist alles um harte Konkurrenz bis in intimste Fragen. Hier ist zu empfehlen, die neue soziale Situation in der Familie durch Arrangements untereinander zu regeln, die für alle verbindlich gelten.

Tipps für Schwiegertöchter

- Respekt: Es ist wichtig, dass die Schwiegertochter ein respektvolles Verhalten gegenüber der Schwiegermutter an den Tag legt. Die Schwiegermutter ist die Ältere, sie hat die älteren Rechte, es ist anzuerkennen, dass sie ihren Sohn mit viel Liebe großgezogen hat und an seinem Wohl interessiert ist. Freundlich, höflich, respektvoll und weniger nach dem Motto: Hoppla, hier komme ich und jetzt läuft alles anders!

- Wünsche und Grenzen äußern: Es gibt immer mal Situationen, da muss die junge Frau sagen: Ich möchte nicht, dass du so mit mir sprichst. Oder: Ich möchte nicht, dass du so in die Erziehung eingreifst. Oder: Ich mag es nicht, wenn du unangemeldet vor der Tür stehst.

- Die Enkel nicht vorenthalten: Ich erlebe immer wieder, dass die Schwiegertochter den Schwiegereltern die Enkel vorenthält, weil sie sich mit den Schwiegereltern nicht so gut versteht, sie ihre Kinder lieber zu ihren Eltern bringt. Da fühlen sich die Schwiegereltern ausgeschlossen, das schafft eine ungute Atmosphäre.

Tipps für Schwiegermütter

- Eine Schwiegermutter sollte sich daran erinnern, wie es damals bei ihr selbst war, als sie als Schwiegertochter in ihre neue Familie aufgenommen wurde.

- Ganz wichtig ist, dass eine Schwiegermutter die Entscheidung ihres Sohnes akzeptiert.

- Sie sollte tolerant sein. Die jungen Frauen sehen heute anders aus, sind vielleicht gepierct, das ist nicht schlimm, daran kann man sich gewöhnen. Sie sind auch anders gekleidet und sie wollen vielleicht als Mütter immer berufstätig bleiben, also viele Dinge, die eine Schwiegermutter als Schwiegertochter selbst ganz anders gemacht hat. Da ist Toleranz ganz wichtig.

- Es ist sehr wichtig, Geduld zu haben, die junge Frau muss auch dazulernen dürfen. Einen Haushalt führen, Kinder erziehen, das kann keine Frau von Anfang an hundertprozentig. Man muss einer Schwiegertochter die Chance geben zu lernen und da muss die Schwiegermutter Geduld haben und sich zurücknehmen.

- Ganz wichtig: Niemals unangemeldet bei dem jungen Paar vor der Tür stehen. Heutzutage besitzt jeder ein Telefon oder Handy, um sich zuvor anzumelden.

- Wichtig ist es auch, eine zurückhaltende Art, aber auch Hilfsbereitschaft zu signalisieren. Ein junges Paar braucht immer mal Hilfe, besonders dann, wenn Kinder kommen. Als Schwiegermutter darf man seine Hilfe liebevoll anbieten, aber nicht aufdrängen. Dann wird die Hilfe auch gerne angenommen.

- Loben Sie Ihre Schwiegertochter. Die junge Frau kann bestimmt irgendetwas besser als Sie und wenn es die fröhliche Art ist, die den Sohn aufheitert. Das sollten Sie als Schwiegermutter anerkennen und auch sagen, der jungen Frau damit auch Mut machen, in diese neue Rolle hineinzuwachsen.

Tipps für beide Frauen

Neue Wege suchen:

- Schreiben Sie einen Brief, einen ehrlichen, freundlichen Brief, in dem steht, was einen verletzt hat, was einen gefreut hat und was man sich vom anderen wünscht. Gerade nach Missverständnissen wäre es toll, wenn die Schwiegermutter über ihren Schatten springen könnte und einfach mal sagt, dass sie froh ist, dass die Schwiegertochter zu ihrer Familie gehört und einen Schritt auf sie zu macht.

- Ein Frauen-Tag: Es kann auch hilfreich sein, dass die zwei Frauen mal etwas alleine unternehmen, sich mal außerhalb der Familie treffen zum Kaffeetrinken. Zeit, um miteinander zu reden, sich besser kennen zu lernen.

- Auch wenn es schwer fällt, sollte man nach Problemen auch wieder aufeinanderzugehen. Vielleicht sich mit dem Mann/

Sohn und den beiden Frauen an einen runden Tisch setzten oder sich bei einer Beratungsstelle Hilfe holen. Oft hilft es schon, wenn einer der Beteiligten sich beraten lässt, schon das kann die Perspektive auf die Konflikte verändern und zu einer entspannteren Lage beitragen.

Tipps für den Sohn und Ehemann

- Söhne sagen immer wieder: Da halte ich mich vollkommen raus, macht ihr das mal untereinander aus. Und das geht nicht. *Der Mann muss eindeutig Stellung beziehen, und zwar zu seiner Frau.* Und wenn es Probleme gibt, dann muss man sie als Paar lösen.

- Mütter können oft nicht so gut loslassen und üben dann auch einen gewissen Druck auf den jungen Mann aus. Es ist nicht einfach, sich als Mann zu lösen aus den liebevollen Klammern der Mutter. Der Sohn sollte seiner Mutter sagen: *»Ich habe mich entschieden, mit dieser Frau zusammenzuleben, und zu dieser Entscheidung stehe ich.«*

Wichtig ist aber auch, ob finanzielle Abhängigkeiten bestehen, ob man z.B. im Haus mietfrei wohnt, Kinderbetreuung in Anspruch nimmt oder sonstige finanzielle Unterstützung bekommt. Denn: *Je mehr Abhängigkeiten es gibt, desto schwerer fällt die Abgrenzung.*

Rat holen lohnt sich: Holen Sie sich im Ernstfall professionelle Hilfe bei Ehe-, Familien- und Lebensberatungsstellen oder in Selbsthilfegruppen.

Ruth Gall gründete 1995 die bundesweit erste Selbsthilfegruppe für Schwiegertöchter in Augsburg. Bedarf bestand offensichtlich schon lange, vermutlich seit es Schwiegermütter gibt, aber der Schwiegermutterkonflikt stellt ein großes Tabu in unserer Gesellschaft dar (Literaturtipps zum Thema s. Anhang).

10. Demütigung für Väter und Kinder – Kuckuckskinder

Ob der glückliche Vater wirklich immer tatsächlich auch der Erzeuger ist, bleibt oft das Geheimnis der Mutter. Es gibt Schätzungen, nach denen bis zu zehn Prozent aller Kinder so genannte *»Kuckuckskinder«* sind, also einen anderen Vater haben, als von der Mutter behauptet. Das Misstrauen von Vätern ist in Zeiten sexueller Freizügigkeit und Selbstbestimmung nicht unberechtigt. In Afrika sagt man bei der Geburt eines Kindes häufig: *»Mama's baby, papa's maybe.«*

Ein »Kuckuckskindsvater« erzählt:
»Eigentlich hätte ich es merken müssen, dass unsere achtjährige Tochter gar nichts von mir hat. Ich hätte sehen müssen, dass sie gar nicht meine Tochter ist. Wie konnte ich nur so blöd sein? Bis jetzt habe ich Jacqueline, die mir meine Frau als ›Kuckuckskind‹ untergeschoben hat, für meine Tochter gehalten.

Ich lernte meine Frau 1995 kennen. Schon bald darauf heirateten wir, weil ich mich für vier Jahre bei der Bundeswehr verpflichtete und ab dem Zeitpunkt nur noch sporadisch zuhause war. 1997 kam Jacqueline auf die Welt. Ich war so froh, dass mein bester Freund Michael sich um meine Familie kümmerte, ich war ja so selten zu Hause. Schon Monate nach der Geburt nahm meine Mutter mich beiseite und sagte: ›Du, ich finde, Jacqueline sieht dir überhaupt nicht ähnlich …‹ Doch ich war ein so glücklicher Vater, dass ich ihre Warnungen nicht erst nahm. Ich wunderte mich nur darüber, dass mein Freund Michael kurz nach der Geburt aus unserem Leben verschwand. Er zog nach Süddeutschland und brach jeden Kontakt ab. Ich hätte stutzig werden müssen. Unsere Ehe begann zu kriseln und im verflixten 7. Jahr kam es zur Trennung. In Verbindung mit den Unterhaltsforderungen für meine Frau und meine Tochter machte ich mir über das, was meine Mutter an Zweifeln geäußert hatte, ernsthaft Gedanken. Ich ließ mich auf Zeugungsfähigkeit untersuchen, weil meine Ex-Frau und ich lange vergeblich versucht hatten, ein Kind zu bekommen. Das Ergebnis war niederschmetternd: Die Hälfte meiner Spermien war unbeweglich, der Rest wies Deformitäten auf. Diagnose: nur bedingt zeugungsfähig. Ein aus dem Internet georderter DNS-*Speicheltest gab letzte Gewissheit: Ich bin nicht Jacquelines Vater. Die Mutter will zu den Vorwürfen nichts sagen, alle Unterhaltsansprüche habe ich erst einmal auf Eis gelegt, denn als gehörnter Ehemann sehe ich nicht ein, für das Kind eines anderen zu zahlen. Ich fühle mich gedemütigt, dass meine Ex-Frau mir ein fremdes Kind untergeschoben hat. Das werde ich ihr nie verzeihen.«*

Und wie ergeht es »Kuckuckskindern«, wenn sie erfahren, dass ein ganz anderer ihr leiblicher Vater ist? Was passiert, wenn eine Mutter ihrer Tochter gesteht, dass diese ein »Kuckuckskind« ist? Was geschieht dann mit ihrer bisherigen Identität?

Tausende Kinder wachsen auf, ohne zu wissen, dass ihr Papa nicht ihr leiblicher Vater ist. Was das für ein so genanntes »Kuckuckskind« bedeutet, mag ein Fallbeispiel aus meinen Seminaren verdeutlichen:

Thomas, 64:
»Ich litt jahrzehntelang unter einer Lebenslüge. Gespürt habe ich es immer. Ich wusste, der Vater im Hause kann nicht mein leiblicher

Vater sein. Er war so böse zu mir. Wenn er sich ärgerte, sagte er, ›Hau ab, du Ekel.‹ So redet ein leiblicher Vater nicht mit seinem Kind, schon gar nicht als Christ. Einmal kam ein Freund vorbei, sah meine blonden Haare, die so anders sind als die dunklen Haare meiner Geschwister, und sagte: ›Das ist euer weißes Schaf.‹ ›Nein, unser schwarzes‹, sagte mein Vater. In meiner Familie wurde oft getuschelt. Ich versuchte, mich zu beruhigen, und sagte mir, die reden über deinen außergewöhnlichen Vornamen. Aber ich spürte, dass etwas überhaupt nicht stimmte. Man behandelte mich, als gehöre ich gar nicht dazu. Ich lag oft weinend im Bett. Ich dachte an Selbstmord. Mir fehlte die Kraft zum Leben.

Als ich 22 Jahre alt war, fragte ich meine Mutter nach meinem Vater. Wir waren gerade dabei, die Hochzeit meiner Schwester vorzubereiten. Meine Mutter war entsetzt. Ihre Antwort war knapp. Sie sei vergewaltigt worden. Sie wolle nicht darüber reden. Ab dem Zeitpunkt wusste ich zumindest, wieso der Vater so aggressiv zu mir war. Ich versuchte, mit dieser Wahrheit zu leben.

Ich heiratete, bekam zwei Kinder. Aber ich spürte noch immer, dass etwas nicht in Ordnung ist. Es war, als wolle die Narbe nach einer großen Operation nicht zuwachsen. Ich zweifelte an mir selbst. Schließlich ging ich zur Schwester meiner Mutter, fragte nach meinem Schicksal. Aber die wollte nichts sagen, sich nicht einmischen, wie sie sagte.

Ich ließ nicht nach, die Wahrheit herauszufinden. Ich wurde herzkrank und erfuhr von meinem Kardiologen, dass untergeschobene Kinder häufig an Herzkrankheiten leiden. Ich lud meine Mutter und meinen Vater zum Kaffee ein. Ich ging ganz offensiv vor und sprach ihn an: ›Ich weiß, dass ich nicht das Kind einer Vergewaltigung bin und du weißt es auch. Ich möchte jetzt den Namen meines leiblichen Vaters wissen.‹ Es war eine Befreiung: Mein Vater schien froh, dass ich das ansprach. Meine Mutter bat mich ein paar Tage später zu sich. Sie nannte mir den Namen meines leiblichen Vaters. Sie erzählte knapp, dass ihr Ehemann im Krieg in russische Gefangenschaft geraten war. Sie, eine Tochter aus reichem Hause, war überhaupt nicht gewappnet für all die Kriegs- und Nachkriegswirren. Soldaten zogen durch die Städte im Osten und vergewaltigten viele Frauen. Man riet meiner Mutter, einen verwundeten Soldaten ins Haus zu nehmen als Schutz. Sie nahm meinen späteren leiblichen Vater auf. Sie waren damals beide 25. Da ist das dann passiert. Als meine Mutter erfuhr, dass ihr Mann noch lebt und aus der Gefangenschaft entlassen wird, ist mein leiblicher Vater weggegangen. Er war damals schon verlobt und zog zu seiner späteren Ehefrau.

Mein Vater hat sich bei mir später entschuldigt für das, was er mir angetan hat. Meinen leiblichen Vater habe ich nach Jahren ausfindig gemacht und einmal gesehen. Ich stand an seiner Tür und habe nur drei Sätze geredet. Ich war überglücklich und völlig erschöpft zugleich. Später habe ich noch ein paar Mal mit ihm telefoniert. Ich habe gemerkt, dass er zurückhaltend ist. Er wollte, dass seine drei Kinder aus seiner Ehe nichts davon erfahren. Irgendwann ist er gestorben. Danach habe ich auf eigene Faust Kontakt zu meinen drei Halbgeschwistern aufgenommen. Sie waren sehr überrascht. Heute sehen wir uns regelmäßig und sind froh, uns gefunden zu haben.

Es war für mich jedes Mal ein großer Schritt, weiter nach der Wahrheit zu forschen. Ich musste immer Kräfte sammeln, weil ich ja nie wusste, was auf mich zukommen würde. Nicht jedes Kind hat die Kraft, nach der Wahrheit zu fragen. Aber jedes Kind spürt die Lüge. Eltern sollten unbedingt ehrlich zu ihren Kindern sein. Es ist ein Schock, wenn man merkt, dass man angelogen worden ist. Ich war von der Hälfte meiner Wurzeln abgeschnitten. Mir wurde es aberkannt, meinen Vater kennen zu lernen. Mit welchem Recht eigentlich?«

Der Wahrheit auf die Spur zu kommen kann sowohl belastend wie auch entlastend sein. Wer am Ende erfährt, das Produkt einer

Vergewaltigung oder eines »One-Night-Stands« zu sein, hat mit der eigenen Identität mitunter Schwierigkeiten.

Das Thema »Kuckuckskind« ist sehr emotional besetzt und hat mit Scham zu tun. Derjenige, der erfährt, nicht der Vater zu sein, wird in der Substanz seiner »Männlichkeit« verletzt.

Betroffene »Kuckuckskinder« erzählen oft, wie wichtig es für sie als Kinder war, zu wissen, von wem sie abstammen. Kinder, denen verheimlicht wird, dass sie ein Kuckuckskind sind, spüren es oft unbewusst und leiden unter dem Gefühl: »Es gibt ein Geheimnis um mich.«

Das Verhältnis zwischen Sarah und ihrer Mutter war nicht immer harmonisch. Missverständnisse und Streitereien standen lange Zeit zwischen der 22-Jährigen und ihrer Mutter. Eine Psychotherapie sollte Sarah helfen, mit sich und ihrer Umwelt wieder ins Reine zu kommen – und die Essstörung in den Griff zu bekommen. Die Psychotherapie brachte weit mehr ans Licht, als es sich die beiden jemals erträumt hätten: Sarahs Vater war nicht ihr wirklicher Vater.

Diese Wahrheit löste bei Sarah Herzklopfen, Schwindel und das Gefühl von Ohnmacht aus, obwohl sie es immer geahnt hatte.

»Ich habe immer gedacht, ein Mensch, der sich nicht um mich kümmert, den es nicht interessiert, wer ich bin und was ich mache, der kann eigentlich nicht mein Vater sein. Es gab zwischen mir und meinem Vater keinen Kontakt, keine Anrufe, keine Briefe und er zahlte auch keinen Unterhalt für mich, obwohl er mich als seine leibliche Tochter anerkannt hatte. Ich hatte mir immer den Jugendfreund meiner Mutter als Vater gewünscht. Zwischen der Trennung meiner Mutter von ihm und meiner Geburt lag nur etwas mehr als ein Jahr. Mein urkundlicher Vater und ich hatten keinerlei Ähnlichkeit. Natürlich habe ich mir immer wieder gesagt, dass mein Äußeres nach

der Familie meiner Mutter kommt. Aber da war immer noch ein eigenartiges Bauchgefühl. Erst nach der Offenbarung meiner Mutter begann ich zu begreifen. Eines Tages machte ich mich auf die Suche nach meinem leiblichen Vater. Das Jugendamt hatte mir seine Adresse mitgeteilt. Ich stand unangemeldet vor seiner Tür. Seine erste Reaktion war die Frage, ob ich wegen Geld kommen würde. Als ich dies von mir wies und sagte, dass ich ihn nur kennen lernen wollte, sagte er nur, dass er sich ja im Übrigen gar nicht sicher sei, ob ich wirklich seine Tochter sei, und knallte mir die Tür vor der Nase zu.«

Die Therapie half Sarah, zu erkennen, dass sie das Kind ihrer Mutter ist, die ihr eine wunderbare Familie geboten hat, was ihr keiner nehmen kann. Ihre Magersucht, wegen der sie eigentlich eine Therapie machen musste, war plötzlich gegenstandslos geworden.

Kinder haben ein Grundrecht darauf, zu wissen, wer der leibliche Vater ist. Es ist wichtig für die eigene Identifikation. Jeder Mensch muss wissen dürfen, wer er ist und wo seine Wurzeln sind. Die meisten, die auf das Familiengeheimnis stoßen, ein »Kuckuckskind zu sein, sind zunächst einmal enttäuscht und gekränkt, dass ihnen ihr leiblicher Vater so viele Jahre vorenthalten wurde. Viele begeben sich auf intensive Vatersuche und erfahren dabei nicht selten Zurückweisung und das Gefühl, zu stören und unerwünscht zu sein.

Das Gefühl der Scham bewegt viele Mütter dazu, mit einer Lüge zu leben, einer Lüge gegenüber dem Kind, dem Vater und gegenüber sich selbst. Wie bereits eingangs erwähnt, ist statistisch gesehen jedes zehnte Neugeborene ein Kuckuckskind. Die Väter sind meist ahnungslos und unterschreiben die Vaterschaftserklärung. Der Verdacht, dass das Kind nicht das eigene ist, entsteht meist erst im Laufe von Jahren. Ähnlichkeiten werden gesucht und nicht gefunden. Oft äußern nahe Verwandte einen Verdacht. Viele Männer wollen mit dieser Ungewissheit nicht leben und lassen – meist ohne das Wissen der Partnerin – einen *Vaterschaftstest* machen. Dazu reichen ein paar Haare aus dem Kamm des Kindes oder ein alter Kaugummi aus. Im Labor wird dann ermittelt, ob das Kind Gene vom Vater hat oder nicht. Um Mutter und Kind zu schützen, ist derzeit ein Gesetzesentwurf im Gespräch, der künftig heimliche Vaterschaftstests verbieten soll.

Warum verheimlichen Frauen, dass ein anderer Mann der Vater des Kindes ist? Ganz einfach: Viele Frauen haben Angst, dass ihre Beziehung in die Brüche geht, wenn sie die Wahrheit sagen. Oft handelt es sich bei dem Kuckuckskind um einen einmaligen, ungeschützten Seitensprung oder eine kurze Affäre, die ohne eine Schwangerschaft ohne jede weitere Bedeutung geblieben wäre. Es gibt aber auch Frauen, die ihr Kind nicht ohne Vater aufwachsen lassen wollen, wenn der wirkliche Vater aus den unterschiedlichsten Gründen nicht zur Verfügung steht (weil er beispielsweise verheiratet ist). Junge Frauen, die zur fraglichen Zeit mehr als einen Partner hatten, suchen sich häufig den Wunschvater aus, ohne zu überprüfen, ob dieser Wunsch auch den Tatsachen entspricht. Im Laufe der Zeit sind sie dann fest davon überzeugt, dass der von ihnen angegebene Vater auch tatsächlich der Vater ist.

Sollten Frauen immer die Wahrheit sagen oder gibt es auch Situationen, in denen Schweigen besser ist? Schweigen ist in jedem Fall die schlechteste Lösung, denn durch die ständige Lüge wird die Frau so stark belastet, dass es zu körperlichen und seelischen Erkrankungen kommen kann. Darüber hinaus wirkt sich eine solche Lüge auf die ganze Familienkonstellation aus, weil jedes Familienmitglied instinktiv spürt, das etwas nicht in Ordnung ist.

Nicht nur Frauen haben Rechte, sondern ganz besonders Kinder, die unbedingt erfahren müssen, wer ihr Vater ist. Für ein Kind ist es nicht entscheidend, ob es der leibliche Vater ist, der sie liebt, sondern dass da überhaupt jemand ist, der sie liebt. Wichtig ist es auch, dass die Möglichkeit besteht, den leiblichen Vater kennen zu lernen, um die eigene Identität besser entwickeln zu können. Trotzdem wird das Kind immer denjenigen weiterlieben, der mit ihm lebt und sich liebevoll um es kümmert.

Ein Mann sollte niemals einen DNS-Vaterschaftstest ohne Wissen seiner Partnerin machen, wenn er sich seiner Vaterschaft nicht sicher ist. *Ein solches Vorgehen ist ein ebenso großer Vertrauensbruch wie die Lüge einer Frau, was die Vaterschaft angeht.* Wenn Zweifel aufkommen, sollte immer mit der Partnerin darüber gesprochen werden, auch um ihr die Möglichkeit zu geben, eventuell selbst die Wahrheit zu sagen.

Wenn ein Mann erfährt, dass er nicht der Vater seines vermeintlichen Kindes ist, sind verschiedene Reaktionen möglich. Die meisten Männer sind tief in ihrer Männlichkeit gekränkt und verletzt, wenn ein anderer Mann der Vater ihres Kindes ist und natürlich, weil ihre Partnerin sie hintergangen hat. Viele Männer brechen aber trotzdem nicht die Beziehung zu »ihrem« Kind ab, auch wenn die Beziehung zur Mutter manchmal darüber in die Brüche geht. Es gibt aber auch Männer, die ein gerichtliches Gutachten – ein privater DNS-Test ist vor Gericht nicht zugelassen – beantragen, um rückwirkend auf Ersatz des bereits gezahlten Unterhalts zu klagen.

11. Kränkungen in der Patchwork-Familie

Um die Probleme in der komplexen Struktur einer Patchwork-Familie verstehen zu können, ist es sinnvoll, diese aus der Perspektive einerseits der Stiefeltern und andererseits der Stiefkinder zu betrachten.

Kränkungen durch Stiefkinder

Als Rita, geschieden, kinderlos, und Mike, geschieden, 1 Kind, beschlossen, zusammenzuleben, waren sie zuversichtlich, durch diesen Familienverbund eine neue, heile Familie zu schaffen und damit die Wunden der zerbrochenen Ehen zum Abklingen zu bringen. Sehr schnell aber wurden sie von der Realität eingeholt und lernten, zu akzeptieren, dass eine Stieffamilie ihre Tücken hat.

Zunächst verstanden sich Rita und der 10-jährige Sohn ganz gut. Bald habe er von sich aus begonnen, zu ihr »Mama« zu sagen. Aber als sie ihm aus Erziehungsgründen Grenzen setzen wollte und musste, reagierte er mit einer typischen, sehr verletzenden Kränkung: *»Du bist ja gar nicht meine Mama, du hast mir gar nichts zu sagen.«*

Die konnte und wollte Rita auch gar nicht sein. Nachdem es eine gemeinsame Aussprache und Klärung gab, nannte er sie wieder Rita. Damit kamen beide Seiten besser zurecht. Als Bezugsperson »Rita« konnte der Stiefsohn die Grenzen, die sie ihm setzte, gut akzeptieren. Rita: *»Stiefeltern sollten nicht versuchen, Ersatzelternteil, sondern lediglich ein guter Freund zu sein.«*

Stiefmütter haben es meist schwerer als Stiefväter, weil die Erwartungen an eine Mutter auch heute immer noch umfassender sind als an einen Vater. Der Konflikt hat seine Ursache oft nicht, wie in zahlreichen Märchen beschrieben, in der »bösen Stiefmutter«, die Spannungen und Konflikte in eine neue Familienorganisation bringt. Oft genug sind es die *»bösen Stiefkinder«*, die für Konflikte verantwortlich sind, weil sie mit der Entscheidung ihrer Eltern nicht einverstanden sind und subtil oder offen Widerstand leisten.

Stiefmütter setzen sich im Gegensatz zu Stiefvätern mehr unter Druck, ihre Rolle perfekt erfüllen zu müssen, die Stiefkinder spontan zu lieben und ihnen eine »Supermutter« zu sein. Aber die emotionale Bindung der Kinder zu ihrer leiblichen Mutter, auch wenn sie verstorben ist, bleibt häufig sehr eng. Das kann dazu führen, dass Kinder, die ihre Stiefmutter lieben und akzeptieren wollen, in einen ihnen unbewussten Loyalitätskonflikt geraten. Daraus ergibt sich ein Teufelskreis:

Die Stiefmutter verstärkt ihr Bemühen, das Herz des Stiefkindes zu gewinnen, und provoziert dadurch eine verstärkte Ablehnung durch das Kind. Das wiederum enttäuscht die Stiefmutter und vermittelt ihr das Gefühl, zurückgewiesen und abgelehnt zu sein, was ein noch intensiveres Bemühen um das Kind nach sich zieht.

Eine Seminarteilnehmerin aus dem Kurs »Patchwork-Familien zwischen Illusion und Realität« äußert sich über ihre Erfahrungen so:

»Als ich 1999 mit meinem Mann eine so genannte Patchwork-Familie gründete (er hatte drei Kinder, ich zwei) war ich voll Optimismus, ›alles irgendwie hinzukriegen‹. Meine Söhne waren 5 und 9 Jahre alt, die älteste Tochter meines Mannes 14 Jahre. Die beiden kleineren Kinder, 7 und 10 Jahre alt, blieben bei ihrer Mutter. Eine Zeit lang schien unser neues Familienleben auch gut zu funktionieren, doch nach vier Jahren mit vielen Höhen und Tiefen verschlechterte sich die Beziehung zu meiner Stieftochter so sehr, dass zwischen uns nur Ablehnung

und Hass existierten. Weil ich mich so sehr um eine harmonische, neue Familie bemüht, mein Ziel aber nicht erreicht hatte, blieb das Gefühl einer schlimmen Niederlage bei mir zurück. Ich wollte doch alles gut und richtig machen und nun das, die Kapitulation, das Ende! Besonders schlimm war für mich, dass die Schwierigkeiten mit der Stieftochter sich auf unsere Ehe auswirkten. Die Situation spitzte sich zu. Ich wurde krank, bekam alle möglichen Symptome, die kein Arzt behandeln konnte. Erst eine Psychotherapie ermöglichte es mir, die Zusammenhänge besser zu erkennen, nicht alle negativen Gefühle auf mich zu beziehen und einfach besser mit der Situation umgehen zu können. Besonders wertvoll war für mich der Perspektivwechsel, mit dessen Hilfe es mir gelang, alles besser einzuordnen. Ich habe gelernt, dass eine Stief- oder Nachfolgemutter nie in Konkurrenz zur leiblichen Mutter treten und auch den Vater niemals durch Positionierung in eine Zwickmühle bringen soll.«

Anna hat bei der Hochzeit ihres Stiefsohnes folgende Kränkung erlebt:

»2003 heiratete der Sohn meines Mannes. Obwohl mein Mann und ich bereits 8 Jahre verheiratet waren und ich mich intensiv um meinen Stiefsohn bemüht hatte, überging er meine Töchter (und damit mich) und lud sie nicht zur Hochzeit ein.

Für mich war das eine Kränkung, die einer schallenden Ohrfeige glich. Gekränkt hat mich aber auch mein Mann, indem er nicht darauf bestand, dass meine Töchter, die zur Familie gehören, eingeladen werden. Die Folge war, dass ich auch nicht zur Hochzeit erschien und die Familiengrenzen, die mein Stiefsohn steckte, akzeptierte. Ab dem Zeitpunkt war für mich alles gelaufen. Seitdem haben wir eine von beiden Seiten anerkannte Nichtbeziehung auf der Basis formalhöflichen Umgangs. Auf die nachträgliche Frage seines Vaters, warum er meine Töchter nicht eingeladen habe, antwortete der Sohn: ›Die gehören für mich emotional nicht dazu.‹ Das war für mich eine klare

Aussage und seitdem gehört der Sohn meines Mannes zu meinem Leben auch nicht mehr emotional dazu.«

Anita:
»Der Mann, den ich in zweiter Ehe heiratete, war verwitwet und hatte einen 22-jährigen Sohn, ich war geschieden und brachte zwei Töchter im Alter von 21 Jahren mit in die Ehe. Alle Kinder studierten und kamen gelegentlich als Besuch nach Hause. Ich zog in das Haus meines Mannes und traf auf ein von der verstorbenen Frau ›vormarkiertes Territorium‹. Zunächst war ich hoch motiviert und unterstellte, dass das Zusammenwachsen von zwei Restfamilien schon gelingen würde, wenn man sich nur genug anstrengte. Im Laufe der Zeit aber musste ich erfahren, dass guter Wille und redliches Bemühen nicht ausreichten.

Der Sohn des Hauses zeigte gegenüber meinen Töchtern ›Platzhirschverhalten‹. Mich, die ich so anders bin als seine verstorbene Mutter, lehnte er ab und zeigte das auch auf subtile Weise. Nach und nach veränderten sich das Haus und der Garten auch optisch und jede Veränderung wurde vom Sohn in dem Sinne kommentiert: ›Früher war alles besser!‹ Beispiel: Als wir ihm stolz den neu angelegten Gartenteich zeigten, meinte er nur: ›Ökologisch sinnlos!‹

Oft war ich sehr verunsichert und fühlte mich wie jemand, der ein Spiel spielt, ohne die Regeln zu kennen. Überall waren für mich unsichtbare Fallstricke ausgelegt. Es war die Quadratur des Kreises, es allen recht zu machen und sich dabei auch noch eigene Bedürfnisse ›leisten‹ zu dürfen. Es hat Jahre gedauert, mich nicht als ›Ersatzteil‹ fühlen zu müssen, das sich in einen bereits vorhandenen Lebensraum nur scheinbar unproblematisch hatte einfügen lassen. Es bedurfte sehr viel Einfühlungsvermögens und Geduld, eigene Strukturen und eine eigene Handschrift erkennbar werden zu lassen. Ich machte aber auch die Erfahrung, dass Blut dicker ist als Wasser. Die ›Blutsbande‹ führte dazu, dass Vater und Sohn häufig eine Koalition gegen mich bildeten, wodurch ich mich als die ›Fremde‹ ausgeschlossen und ausgegrenzt fühlte, was mich sehr verletzt und gekränkt hat. Im Laufe von Jahren wurde es nicht besser, sondern schlimmer und für mich belastender. Bei Tisch wurde nicht mehr gesprochen, eine krank machende Atmosphäre, die bei mir regelrechte körperliche Symptome und Unwohlsein auslöste. Statt mich daran zu gewöhnen, wurde es immer schlimmer und bald bekam ich Schlafstörungen, Schweißausbrüche und erhöhte Herzfrequenz, wenn ich nur daran dachte, dass der Sohn wieder zu Besuch auftauchen und mir zeigen würde, dass er keinen Wert auf mich legt und nur seinen Vater besucht.

Schließlich akzeptierte ich, dass man Liebe, Sympathie, Nähe, Vertrauen und Anerkennung nur geschenkt bekommen kann und dass eine Verstärkung des Bemühens und Werbens zu einer Steigerung der Abwehrhaltung, zu noch mehr Ablehnung führt.

Das Ende war, dass ich eines Tages die Reißleine zog, um meine Gesundheit zu schützen. Ich entzog mich, ging auf Distanz und akzeptierte, dass mein Vorhaben, eine harmonische Zweitfamilie zu gründen, in der jeder sich wohl und zu Hause fühlen könne, gescheitert war. Damals verstummten die körperlichen Symptome. Ich fühlte mich endlich wieder frei, hatte losgelassen und das akzeptiert, was nicht zu ändern war.«

Kränkung durch Stiefmutter oder Stiefvater

Das geschilderte Beispiel lässt aber auch erkennen, dass der Sohn Kränkungen hinnehmen musste:

Für ihn bestanden sie darin, dass eine fremde Frau in das Territorium seiner Mutter eindrang und von allem *»Besitz ergriff«*. Der Sohn, in Trauer um seine verstorbene Mutter, versteht seinen Vater nicht, dass dieser so schnell nach dem Tod seiner Frau eine neue Frau ins Haus bringt, und fühlt sich auch durch seinen Vater gekränkt.

Seine Reaktion auf diese Kränkung sind Gefühle der Ablehnung. Diese richtet er jedoch nicht gegen seinen Vater, sondern überträgt sie auf die Stiefmutter. Der Sohn versucht unbewusst und auf subtile Weise, das Andenken seiner Mutter zu verteidigen und gibt der neuen Frau auf verschiedenste Weise zu verstehen, dass er von ihr nichts hält und dass sie unerwünscht ist.

Die stark ansteigende Zahl von Trennungen und Scheidungen hat zur Folge, dass immer mehr Kinder in Patchwork-Familien aufwachsen müssen. Und – obwohl die Kinder am allerwenigsten verantwortlich sind für das Scheitern der Ehe ihrer Eltern, zahlen sie am Ende die Zeche durch den Verlust ihrer familiären Geborgenheit.

Sie erleben, dass ihre Eltern sich »entlieben« und wieder verlieben und dass sie durch die damit verbundenen Veränderungen die Geborgenheit und oft auch ihr Zuhause verlieren. Und diese Beliebigkeit erschüttert das Urvertrauen von Kindern, die natürlich möchten, dass ihre Eltern ein Leben lang zusammenbleiben. Die *Kränkung* für betroffene Kinder besteht darin, dass sie feststellen müssen, dass plötzlich ein fremder Mensch wichtiger wird als sie selbst und dass auf sie und ihre Gefühle wenig Rücksicht genommen wird. Kinder erleben die Favorisierung einer neuen Liebe ihrer Eltern als Zurücksetzung … *»Und wo bleibe ich dabei? Ich war vor ihm/ihr da!«*

Wenn Mütter und Väter neue Beziehungen eingehen, wünschen sie sich auch, ihren Kindern endlich wieder eine vollständige Familie bieten zu können. Die Wünsche der Kinder sehen anders aus: Sie möchten einfach, dass ihre »richtigen« Eltern wieder zusammenleben, und wenn das nicht geht, dann wollen sie wenigstens ihre Mutter oder ihren Vater wieder für sich alleine haben. Und so versuchen sie häufig erst einmal, den Neuen wegzuekeln.

Neu zusammengesetzte Familien geben sich gerne der *Illusion* hin, eine ganz normale Familie zu sein. Verständlich: Es ist die große Stunde der Phantasien, in denen die erwachsenen Mitglieder von Stieffamilien schwelgen. Stiefmütter gefallen sich in der Vorstellung: *»Ich liebe ihn und deswegen liebe ich natürlich auch seine Kinder.«*

In den Köpfen der Kinder bleiben die leiblichen Eltern aber immer präsent. Sie mussten sich von ihnen trennen, ohne dass sie das wollten (zumindest bei Scheidungen und bei Tod). Wenn dann eine neue Person auf der Bildfläche erscheint, fürchten Kinder schnell, nun auch noch den verbliebenen Elternteil zu verlieren. Schließlich müssen sie nun die Aufmerksamkeit von Mutter oder Vater teilen. *Und wenn der/die Neue versucht, eine Elternrolle zu übernehmen, entstehen schmerzliche Kämpfe um Sympathie und Zurückweisung.*

Stiefkinder brauchen die Gewissheit, dass ihre aufkeimende Zuneigung zum neuen Elternteil keinen Verrat am weggezogenen Elternteil darstellt. Wenn sie ihre Trauer um den Verlust nicht ausdrücken dürfen, wird sich der Stiefelternteil vergeblich darum bemühen, angenommen zu werden.

Alle Stieffamilien haben gemeinsam, dass ihnen ein *Verlust* vorausging – die Erfahrung einer aufgelösten Beziehung oder der Verlust eines Elternteils durch Tod und die unterschwellige Angst, die neue Beziehung könne wiederum scheitern, setzen das Familienleben unter Druck. Aber alles, was Bestand haben soll, entsteht nicht über Nacht, sondern braucht Zeit zum Wachsen. Stieffamilien scheitern nicht an ihren Konstellationen, sondern an ihren Illusionen.

Von Trennungs- und Scheidungskindern wird ein hohes Maß an *Anpassung* verlangt. Von ihnen wird erwartet, dass sie sich möglichst unproblematisch in ein neues familiäres System einfügen, in dem alles anders ist, als sie es in ihrer Ursprungsfamilie kennen gelernt haben. Da ist nicht nur eine neue Umgebung zu akzeptieren, vielleicht sogar ein Umzug in eine andere Stadt, verbunden mit dem Verlust von Heimat und Freunden. Die frisch verliebten Eltern erwarten von den Kindern auch einen *Zwangskontakt zu einem fremden Erwachsenen und fremden Kindern*, die auch in ihren Verhaltensweisen vollkommen fremdartig auf sie wirken können.

Beim System Patchwork-Familie stoßen Charaktere, Erziehungsstile, Wertvorstellungen – Welten – aufeinander, die oft nicht einmal bei gutem Willen kompatibel sind. Darüber hinaus gerät das bisher bekannte Familiengefüge aus den Fugen: Einzelkinder stehen nicht mehr im Mittelpunkt des Interesses, sondern müssen Zuwendung und Aufmerksamkeit plötzlich mit anderen Kindern teilen, älteste Kinder bekommen plötzlich ein fremdes Kind vor die Nase gesetzt, das ihnen ihre Vormachtstellung streitig macht, und selbst ein »Nesthäkchen« muss erleben, wie es durch ein neues Kind »entthront« wird. Das stellt immer eine Kränkung dar, wird selten widerspruchslos hingenommen und hat offenen oder subtilen Protest zur Folge.

Für Kinder, die in einer Zweit- oder Drittfamilie aufwachsen müssen, haben ihr ungewöhnliches Lebensumfeld und der Verlust ihrer Ursprungsfamilie Folgen für ihr weiteres Leben. *Viele Trennungs- oder Scheidungskinder nehmen Verlustängste aus ihrer Erfahrung mit dem Verlust eines Elternteils als Hypothek mit auf ihren Lebensweg. Das Urvertrauen, das normalerweise in einer intakten Familie, in der man sich aufeinander verlassen kann, herrscht, ist nachhaltig gestört.*

Das wirkt sich oft auf spätere Partnerschaften aus:

Von Vater oder Mutter »verlassene Kinder« sind häufig besonders empfindlich, schnell gekränkt und verletzt, misstrauisch oder eifersüchtig und können mit diesen Eigenschaften die Partnerschaft zu einem in gesunden, stabilen Verhältnissen aufgewachsenen Partner gefährden. Die schlechten Vorerfahrungen werden oft ungerecht auf einen anderen Menschen übertragen.

Es gibt aber noch andere Strategien, die Kinder in Patchwork-Familien entwickeln:

Viele machen aus der Not eine Tugend, grenzen sich emotional ab, lassen niemanden der neuen Familie an sich heran und suchen sich Freunde und Vertraute als Ersatzfamilie. Häufig ist auch zu beobachten, dass Kinder, die zwangsweise in einer ungeliebten Zweit- oder Drittfamilie aufwachsen mussten, sich sehr früh ein eigenes Nest bauen, um der belastenden Situation zu entfliehen.

Ratschläge für die Patchwork-Familie

- Jede neue Beziehung braucht einen neuen Rahmen. Beziehen Sie, wenn es irgendwie möglich ist, eine neue Wohnung oder ein neues Haus. Dann muss sich niemand als Eindringling fühlen und niemand muss sein Territorium verteidigen.

- In Stieffamilien haben alle Beteiligten einen schweren Verlust hinter sich. Und alle leben am Anfang in einer unsicheren Situation. Gereiztheit, Wutausbrüche, abweisendes Verhalten und Muffigkeit sind oft darauf zurückzuführen. Am besten für alle ist es, wenn Sie Abschied nehmen von Ihrer Vision, Ihre Stieffamilie müsste eine harmonische Familie sein. Haben Sie Verständnis dafür, dass in Ihrer Familie die Gefühlswogen besonders hoch und tief gehen. Rechnen Sie damit, dass diese von unverarbeiteten Trauerprozessen herrühren. Lassen Sie den Beziehungen Zeit, sich behutsam entwickeln zu können.

- Empfehlung an den leiblichen Elternteil: Sie tun für Ihr eigenes Kind das Beste, indem Sie sich ausreichend Raum und Zeit für die neue Partnerschaft nehmen, sie damit vertiefen und damit für Stabilität sorgen.

Empfehlung an den Stiefelternteil:

- Stiefbeziehungen sind keine gewachsenen Beziehungen, weil sie keine gemeinsame Geschichte haben. Tun Sie gezielt etwas für den Aufbau dieser Beziehungen. Unternehmen Sie allein etwas mit Ihren Stiefkindern und fangen Sie mit dem an, was sowohl den Kindern als auch Ihnen Spaß macht.

- Lassen Sie sich Zeit beim Aufbau dieser Beziehungen. Beziehungen lassen sich nicht herstellen. Sie müssen wachsen und Wachstum braucht Zeit. Haben Sie nicht den Anspruch, einander »lieben zu müssen«.

- Kinder leiden unter dem »Verlust« des nicht mehr vorhandenen Elternteils und begegnen dem neuen Partner von Mutter oder Vater (und eventuell dessen Kindern) mit Ablehnung. Zeigen Sie als neuer Partner Verständnis für diese Reaktionen.

- Der getrennt lebende Elternteil beeinflusst weiterhin das Familienleben. Hier gilt es im Interesse des »Kindeswohls«, dem getrennten Partner seine Elternrolle zu erhalten.

- Auch in diesen sehr komplizierten Prozessen gilt: Wenn Sie sich überfordert fühlen, zögern Sie nicht, ein Gespräch mit einem Berater oder einer Beraterin zu suchen. Eine Familienberatung hilft allen Beteiligten beim Verarbeiten des Verlustes der alten Familiensituation und dem Finden eines neuen Rollenverständnisses. Sie unterstützt die Neuorganisation der Stieffamilie und die Entwicklung einer stabilen Vertrauensbasis, ohne dabei die »alten« Familienmitglieder und deren neue Familien auszuschließen.

12. Verlassene Eltern

In zahlreichen Seminaren erfahre ich von den Leiden verlassener Eltern und in vielen Städten gründen sich sogar *Selbsthilfegruppen* für verlassene Eltern. Was ist nur los mit den erwachsenen Kindern? Warum entfremden sich Eltern und Kinder so voneinander, dass es oft eine jahrelange Kontaktsperre gibt?

Elisabeth B., 59:
»Früher waren wir eine glückliche Familie. Mein Mann und ich hatten zu Dirk, unserem Sohn, ein inniges, vertrauensvolles Verhältnis bis zu dem Zeitpunkt, als mein Sohn heiratete. Seitdem ist er total verändert, verschlossen, ja manchmal kommt er uns sogar feindselig vor. Dabei wissen wir gar nicht, wodurch diese Wandlung eingetreten ist. Wir haben auch schon den Versuch gemacht, mit ihm zu sprechen, leider ohne Erfolg. Er ist derzeit nicht gesprächsbereit und wir sind traurig und ratlos.

Trotz der Ablehnung durch unseren Sohn bemühen wir uns unvermindert um eine Verbesserung der Beziehungen, allein schon wegen unserer Enkelkinder. Mich erschüttert es, ansehen zu müssen, wie unsere Enkelkinder missbraucht und als Kampfmittel eingesetzt werden. Aber was sollen wir machen, wer die Kinder hat, sitzt nun mal am längeren Hebel. Trotz dieser belastenden Situation werde ich immer wieder Annäherungsversuche starten, auch wenn ich damit wiederholte Zurückweisungen riskiere, weil ich weiß, dass wir nur dann langfristig eine Chance habe, wenn wir dran bleiben.

Auch in unserem Bekanntenkreis gibt es ähnliche Fälle, die für mich aber kein Trost sind. Viele dieser Eltern stellen sich dann die Frage ›Was habe ich falsch gemacht?‹

Inzwischen habe ich mich einer Selbsthilfegruppe ›verlassene Eltern‹ angeschlossen, in der sich betroffene Eltern aussprechen, trösten und unterstützen können. Für mich ist es eine Chance, meine Enttäuschung, Trauer und Wut auszudrücken und von denen, denen es ebenso ergeht wie mir, verstanden zu werden.«

Einen Sohn, eine Tochter in die Erwachsenen-Selbstständigkeit entlassen, ist für Eltern oft gar nicht so einfach: Gehen Eltern nicht manchmal noch mit dem Dreißigjährigen um wie mit einem dummen Jungen? Benimmt sich nicht manchmal auch der Sohn, als habe er weiter einen Anspruch darauf, von seiner Mutter bemuttert zu werden? Wie kommen Eltern mit dem Partner, der Partnerin von Tochter bzw. Sohn zurecht? Wie viel Ballast aus alten Zeiten beeinflusst das Verhältnis zu den jungen Leuten? Wie kann man diesen Ballast abwerfen, das Verhältnis verbessern?

Fakt ist, dass vieles ganz anders ist als zu der Zeit, in der »verlassene Eltern« jung waren. Statt das zu beklagen, ist es hilfreicher, gedanklich in die eigene Vergangenheit zu gehen und sich zu fragen: Wie fühlte ich mich damals, als ich achtzehn oder einundzwanzig und endlich volljährig war? Wahrscheinlich reif und erwachsen und es bestand kein Grund mehr, sich von den Eltern bevormunden zu lassen. Aus damaliger Sicht schienen vielleicht die eigenen Eltern eher etwas rückständig zu sein. Und heute? Ist das junge Volk nun im gleichen Alter viel unreifer, unernster, lebensuntüchtiger als wir damals? Oder bilden wir Alten uns das bloß ein?

Viele Eltern können es nicht akzeptieren, dass ihr Kind kein Kind mehr ist. Eigentlich sollten Eltern es ab der Pubertät gelernt haben, das Erziehen immer mehr zugunsten des Begleitens zurückzustellen. Wenn die Kinder erwachsen sind, muss das Verhältnis ein freundschaftliches Nebeneinander gleichberechtigter Partner sein – mit Nehmen und Geben von beiden Seiten. Eltern müssen sich auch für das Wohlergehen ihrer erwachsenen Kinder nicht mehr verantwortlich fühlen. Diese Verantwortung müssen die Kinder jetzt selbst tragen. Viele Eltern zeigen durch ihre permanente Einmischung, dass sie ihren Kindern das nicht zutrauen und dass ohne ihre Intervention der Sohn oder die Tochter hoffnungslos scheitern wird.

Denken Sie als Eltern daran, dass es auch eine Kränkung für Ihr bereits erwachsenes Kind sein kann, wenn Sie ihm nichts zutrauen. Zeigen Sie nicht immer Skepsis, sondern *vertrauen Sie darauf, dass Ihre Kinder ihr Leben anders, aber auch gut gestalten können.* Jeder Mensch wächst an seinen Aufgaben. Nichts spricht dagegen, dass Sie weiterhin raten, wenn Sie um Rat gebeten werden, aber entscheiden und verantworten müssen die jungen Leute jetzt allein. Und vor allem: Hüten Sie sich davor, Erwartungshaltungen gegenüber Ihren Kinder auszusprechen. Dagegen reagieren die meisten allergisch.

Wenn Ihre Kinder erstmalig eine eigene Wohnung haben, ist das ihre Intimsphäre, in die Sie nicht hineinwirken dürfen. Auch Eltern haben gegenüber ihren erwachsenen Kindern Grenzen zu respektieren. Hüten Sie sich davor, unangemeldet vor der Tür zu stehen, denn das wird als Kontrolle und Überfallskommando verstanden. Unterlassen Sie es vor allem, Ihre Ordnung durch Aufräumen oder Hausputz herstellen zu wollen, sondern *verhalten Sie sich wie ein Besuch, den das alles nichts angeht.*

Kritik von den eigenen Kindern tut Eltern besonders weh. Andererseits ist es für junge Erwachsene wichtig, sich mit den Einflüssen ihrer Erziehung, die ihren Charakter geformt haben, auseinanderzusetzen, um daraus Konsequenzen für die eigene Elternrolle zu ziehen. Vielen Eltern fällt es schwer, kritische Äußerungen erwachsener Kinder zu akzeptieren. Auch ich habe mir von einer Tochter anhören müssen: *»Du hast so viel gearbeitet, dass du immer nur erschöpft warst!«* Meine Tochter hatte Recht, es wäre für sie wichtiger gewesen, eine nicht abgearbeitete, nicht erschöpfte Mutter zu haben, der bei der »Gute-Nacht-Geschichte« nicht die

Augen zufielen. Es ist zu vermuten, dass Kinder, die etwas entbehrt oder unter etwas gelitten haben, es in der eigenen Elternrolle anders machen werden. Kritik aus dem Mund der eigenen Kinder, für die man glaubte, alles getan zu haben, tut weh. Aber ohne Groll und genauer betrachtet, enthält sie auch immer eine Portion Wahrheit. Doch wer wird schon gerne gespiegelt?

Ich selbst habe bei meinen erwachsenen Kindern erfahren, dass es für beide Seiten fruchtbar sein kann und zu mehr Verständnis füreinander führt, wenn es gelingt, über unterschiedliche Sichtweisen zu reden, ohne sich gegenseitig Schuld zuzuschieben.

Das könnte ein guter Weg sein, das Verhältnis von altem Ballast und vielleicht nie ausgesprochenen Kränkungen zu befreien. *Es fordert Mut, Dinge auszusprechen, die vielleicht jahrzehntelang unter der Decke gehalten wurden.* Die erste Reaktion ist wahrscheinlich, sich gegen geäußerte Vorwürfe mit Abwehr und Gegenvorwürfen zu wehren. Aber das führt nicht weiter. Es geht nicht darum, festzustellen, wer Schuld an etwas hat, das nicht mehr zu ändern ist.

Wenn ein Sohn seinem Vater erklärt, er habe unter seinen oft zu hohen Ansprüchen gelitten, dann ist das aus seiner Sicht so. Es ändert sich auch nicht, wenn der Vater ihm zu beweisen versucht, dass seine Ansprüche nicht überhöht waren. Das eine ist die Sicht des Vaters, das andere die des Sohnes. Eine ehrliche Aussprache kann dazu führen, sich danach besser zu verstehen. *Jeder kann bedauern, dass sein Verhalten beim anderen Wirkungen hatte, die er so nicht wollte.* Das kann für beide letztendlich sehr entlastend sein, kann dazu führen, dass beide auf einer neuen Ebene als Erwachsene ein besseres Verständnis füreinander finden.

Manchmal gibt es so gravierende Konflikte zwischen Eltern und Kindern, dass diese den Kontakt zu ihren Eltern für Jahre ganz abbrechen. Eine Trennung auf Zeit ist aber keine Katastrophe. Was Eltern grundgelegt haben, das kommt auch eines Tages wieder zum Vorschein. Das ist jedenfalls meine Erfahrung mit meinen Kindern, die mich über Jahre durch absolute Kontaktsperre von ihrem Leben fernhielten. Das war ein jahrelanger Schmerz für mich. Auf der anderen Seite schien es für meine Kinder notwendig zu sein, sich auf diese Weise loszulösen und sich selbst zu beweisen, dass sie auch ohne mich zurechtkommen konnten.

Die Partnerwahl der eigenen Kinder kann zum Bruch führen und »verlassene Eltern« zurücklassen, denn in vielen Fällen sind Eltern mit der Partnerwahl nicht zufrieden.

»So eine unterdurchschnittliche Frau für mein Prachtstück von Sohn? Ob die ihm intellektuell überhaupt gewachsen ist?« oder: *»Ausgerechnet einer vom Bau? Wenn er wenigstens Ingenieur wäre!« »Was, er ist ein Künstler? Und wovon wollt ihr leben?«* Solche und ähnliche Äußerungen machen Eltern über den/die »Auserwählte(n)« ihrer Kinder und damit schaffen sie »böses Blut«.

Ich kann mich noch daran erinnern, als ein Freund meiner jüngsten Schwester in unserer Familie vorstellig wurde. Meine Mutter hielt nicht hinterm Berg, sondern forderte von ihm, er müsse erst einmal die »mittlere Reife« nachholen. Dass ein solcher Mann das Gefühl bekommt, nicht gut genug zu sein und sich von einer »Schwiegermutter in spe« nicht vorschreiben lassen will, welche Eingangsvoraussetzungen er zu erfüllen habe, um in die Familie aufgenommen zu werden, darf nicht verwundern. Die Folge dieser Grenzüberschreitung meiner Mutter war, dass meine Schwester jahrelang auf Distanz zum Elternhaus ging.

Oft ist auch Eifersucht im Spiel. Väter wollen niemanden zwischen sich und ihrer Tochter sehen, Mütter nicht zwischen sich und ihrem Sohn (siehe Kapitel »Der »Schwiegermutterkomplex«).

»Der krumme Hund hat meiner Tochter den Kopf verdreht, sie herumgekriegt, ihr etwas vorgemacht.« »Der versucht ja nur, sich ins gemachte Nest zu setzen.« »Der ist ja noch gar nicht reif für die Liebe!« Obwohl es normal und legitim ist, dass erwachsene Kinder einen anderen als den Lebensstil der Eltern entwickeln, wollen diese alles besser wissen: Es liegt eben nur am falschen Partner! *Er* hat das eigene Kind negativ beeinflusst und es den Eltern entfremdet. Bei dieser Fehlhaltung haben es angehende Schwiegertöchter und Schwiegersöhne schwer: Sie müssen eine Prüfung ablegen und haben von Anfang an schlechte Karten, sie zu bestehen.

Auch wenn Kinder geheiratet haben, wartet man erst einmal ab und bleibt emotional auf Distanz. Die Geburt eines Enkelkindes ist für viele ein Anlass, ihre Distanz aufzugeben und wieder aufeinander zuzugehen, sich als Angehörige der gleichen Familie zu akzeptieren. Doch Vorbehalte, Eifersucht, Vorurteile und Missverständnisse sind damit nicht automatisch vom Tisch. In den meisten Fällen werden sie unter den Teppich gekehrt und immer wieder stolpert man beim Umgang mit dem Enkelkind über die unsichtbaren Unebenheiten.

Ohne Achtung, Akzeptanz und Toleranz geht nichts. Vielleicht ist es hilfreich, nicht nur auf die Fehler zu sehen, die der Schwiegersohn oder die Schwiegertochter in Ihren Augen hat. *Achten Sie auf liebenswerte Eigenheiten, die jeder Mensch hat. Denken Sie daran, dass Ihr Kind mit dem Partner glücklich sein soll.* Reden Sie miteinander und lernen Sie sich dabei kennen. Sagen Sie, was Sie freut, aber auch, was Sie ärgert. Offenheit und Ehrlichkeit sind gute Ratgeber zur Beziehungspflege, aber: Auf die Verpackung kommt es an!

Je gelassener Eltern auf eine vorübergehende Entfremdung reagieren, umso größer ist die Wahrscheinlichkeit, dass später – wenn sich die Beziehung des jungen Paares gefestigt hat – auch das Verhältnis zu den Eltern wieder enger und vertrauter wird.

Ein guter Rat: Lasten Sie die Verantwortung für die Entfremdung nicht einseitig dem dazugekommenen Partner an, Sie würden dazu beitragen, dass sich Ihr Kind noch mehr von Ihnen entfernt.

Zur Entfremdung kann es auch kommen, wenn die Schwiegertochter auf die Schwiegermutter eifersüchtig ist: Eine Schwiegertochter, die einen »Muttersohn« heiratet, ist häufig eifersüchtig auf die starke emotionale Bindung, die ihr Mann zu seiner Mutter hat. Eine junge Frau fühlt sich gekränkt, wenn sie den Eindruck hat, ihr Mann hielte im Ernstfall nicht zu ihr, sondern zur Herkunftsfamilie und würde wichtige oder gar intime Dinge mit seiner Mutter besprechen anstatt mit ihr.

Wenn ein solcher Mann dann auch noch Kommentare abgibt wie: *»Meine Mutter meinte…«* oder: *»Meine Mutter hat das aber so oder so gemacht«*, dann sieht eine Schwiegertochter nur noch rot. Ihre Abwehrreaktion gegenüber der Schwiegermutter heißt dann Kontaktsperre, um ihren Mann dem »schädigenden Einfluss« seiner Mutter zu entziehen. Oft muss sich der Mann sogar entscheiden: deine Mutter oder ich!

Ein guter Rat für »verlassene Eltern«

- Freuen Sie sich, wenn Ihre Kinder glücklich sind, selbst dann, wenn Sie schweren Verlust empfinden. Äußern Sie nie Erwartungen und machen Sie Ihren Kindern vor allem keine Vorwürfe, sie seien undankbar. Versuchen Sie, Ihren Kindern die Freiheit zu geben, ihre »Wahlverwandtschaften« in ihren Freunden zu sehen.

- Freuen Sie sich über ihre Erfolge, aber halten Sie Abstand nach dem Grundsatz: *»Schauen, schenken, schweigen.«* Damit schaffen Sie die beste Voraussetzung dafür, gute Freunde zu sein und zu bleiben.

- Versuchen Sie stets, Interesse zu zeigen und auch bei Ablehnung in Verbindung zu bleiben, um einander am Leben teilhaben zu lassen. Vertrauen Sie darauf, dass man Kinder nie wirklich verliert!

Kinder, ganz gleich welchen Alters, sind *»Söhne und Töchter der Sehnsucht des Lebens nach sich selbst«*, heißt es in einem schönen Gedicht des libanesischen Poeten Khalil Gibran. Dafür brauchen sie beides: Wurzeln und Flügel, Väter und Mütter.

Ein indisches Sprichwort sagt: *»Solange Kinder noch klein sind, gib ihnen tiefe Wurzeln, wenn sie älter geworden sind, gib ihnen Flügel.«*

Und das wird »verlassenen Eltern« helfen abzuwarten, zu vertrauen und Zuversicht zu entwickeln, statt zu verbittern:

Eure Kinder sind nicht eure Kinder.
Sie sind die Söhne und Töchter
der Sehnsucht des Lebens nach sich selbst.
Sie kommen durch euch, aber nicht von euch.
Und obwohl sie mit euch sind,
gehören sie euch doch nicht.
Ihr dürft ihnen eure Liebe geben,
aber nicht eure Gedanken,
denn sie haben ihre eigenen Gedanken.
Ihr dürft ihren Körpern ein Haus geben,
aber nicht ihren Seelen,
denn ihre Seelen wohnen im Haus von morgen,

das ihr nicht besuchen könnt,
nicht einmal in euren Träumen.
Ihr dürft euch bemühen, wie sie zu sein,
aber versucht nicht, sie euch ähnlich zu machen.
Denn das Leben läuft nicht rückwärts,
noch verweilt es im Gestern.
Ihr seid die Bogen, von denen eure Kinder
als lebende Pfeile ausgeschickt werden.
Der Schütze sieht das Ziel auf dem Pfad der Unend-
lichkeit,
und er spannt euch mit seiner Macht,
damit seine Pfeile schnell und weit fliegen.
Lasst euren Bogen von der Hand des Schützen
auf Freude gerichtet sein;
denn so, wie er den Pfeil liebt, der fliegt,
so liebt er auch den Bogen, der fest ist.

Khalil Gibran, Der Prophet*

13. Wenn der Vorruhestand zur Qual wird

Es ist für viele Langzeitpaare eine kritische Phase, wenn der Mann in Vorruhestand geht. Er hat ein Leben lang einen fest strukturierten Tagesablauf gehabt und weiß nun nicht so recht, was er mit seiner Zeit anfangen soll. Männliche Vorruheständler kommen häufig mit ihrem neuen Lebensrhythmus nicht zurecht und werden unzufrieden. Diese Unzufriedenheit wird fast immer an der Ehefrau ausgelassen, was den Haussegen schief hängen lässt. Weil

Männer außerhalb ihrer Berufswelt oft keine Netzwerke und Sozialkontakte haben, oft sogar nicht einmal ein sinnvolles Hobby, müssen sie sich irgendwie beschäftigen. In vielen Fällen beginnen sie zunächst, das Haus auf den Kopf zu stellen und den Haushalt umzuorganisieren. Sie versuchen, ihren Frauen beizubringen, wie die Küche am praktischsten zu sein hat, wie Wäsche mit System aufgehängt wird, wie die Bevorratung zu erfolgen hat, mit der Folge, dass die Ehefrau ihre bisherige Arbeitsweise in Frage gestellt sieht und sich frustriert und gekränkt zurückzieht und sich neue Bereiche sucht. Sie fühlt sich kontrolliert und überflüssig. Der Haushalt, der Jahrzehnte ohne die Einmischung des Mannes funktioniert hat, soll plötzlich nichts mehr wert sein. Eine Frau muss schon sehr selbstbewusst sein, wenn alles, was sie bisher auf eine bestimmte Weise gemanagt hat, umgekrempelt wird und sich ihr Ehemann zum Ekelpaket entwickelt. Männliche Rentner übertreiben mit ihrer Systematik so sehr, dass sie ihre Frauen in die Flucht schlagen, sich anschließend aber darüber beschweren, dass sie zu Hause alleine sind.

In dem Fernsehfilm *»Mutter kommt in Fahrt«*, den das WDR-Fernsehen am 22.7.2006 ausstrahlte, wird genau diese Problematik thematisiert. Das Langzeitehepaar stellt ernüchtert fest, dass es sich eigentlich gar nicht richtig kennt. Das macht sich daran fest, dass sich Herbert schon seit langem auf die ausgedehnte Europa-Rundreise mit Wohnwagen freut, obwohl Eva Maria Camping nicht ausstehen kann.

Auch ansonsten lernt Eva Maria ihren Mann als unbekanntes Wesen kennen. Der frühpensionierte Ehemann macht sich im Haushalt zu schaffen. Er räumt die Küche auf und führt seine Prinzipien ein, mit dem Ergebnis, dass niemand etwas wiederfindet und die Gemütlichkeit auf der Strecke bleibt. Am Kühlschrank hängt ab sofort eine Tabelle, in der jeder einzutragen hat, was er wann und in welchen Mengen entnommen hat. Das Protokoll muss natürlich von jedem Familienmitglied abgezeichnet werden. Der 20-jährige Sohn hält sich natürlich nicht an Vaters Marotten und ein Konflikt ist programmiert. Herbert verhält sich wie früher im Betrieb, in dem er Einkäufer war. Er ordert alle möglichen Schnäppchen und richtet ein Lager mit Toilettenpapier und unzähligen Kartons Roter Beete ein (vgl. Loriot: Papa ante portas, 1990).

Während er sich in seinem neuen Job als »Hausmann« etabliert, sucht Eva Maria sich einen neuen Bereich. Sie studiert Börsennachrichten und partizipiert am Börsenspiel einer namhaften Tageszeitung. Als sie trotz weltweiter Kurseinbrüche mit ihrem fiktiven Depot vor allem die Profis um Längen schlägt, bietet der begeisterte Schwiegersohn Daniel der gewitzten Spekulantin eine Stelle in seiner Anlagenberatung an.

Nicht allen Ehepaaren im Ruhestand gelingt es wie im Film, neue, abgegrenzte Kompetenzbereiche und Aufgaben zu finden, wie folgendes Beispiel zeigt:

Ute, 64:
»Seitdem mein Mann im Vorruhestand ist, ist es aus mit meinem schönen Leben, das ich zuvor hatte. Aus Langeweile mischt er sich ständig in meine Kompetenzbereiche ein, was nicht nur nervtötend, sondern auch verletzend ist. Ich habe solch eine Wut auf meinen Mann, dass ich ihn heimlich oft verfluche. Er ist ein richtiges Ekelpaket geworden. Seit er vor drei Jahren in den Vorruhestand gegangen ist, führt er sich zu Hause auf wie ein Despot. Er tut nichts außer fernsehen und ab und zu in die Kneipe gehen. Er lässt sich von mir bedienen, macht, wo er geht und steht, Unordnung und meckert mich dann auch noch dafür an, wie die Wohnung aussieht. Seit mein Mann in Rente ist, gibt es keine Gespräche mehr beim Frühstück, was ich sehr vermisse.

Genau genommen gibt es überhaupt keine Themen mehr zwischen uns. Ich habe auch keine Lust mehr, denn mein Mann ist ein unausstehlicher Dauernörgler geworden, der an allem etwas auszusetzen hat. Inzwischen habe ich meine zaghaften Versuche aufgegeben, mit meinem Mann eine normale Unterhaltung zu führen. Seit fast drei Jahren geht das nun schon so und wenn ich darüber nachdenke, dass das so weitergehen soll, bis der Tod uns scheidet, dann bin ich total verzweifelt. In letzter Zeit ist mein Mann richtig gemein zu mir. Er beleidigt mich oft. Vielleicht neidet er mir meine freundschaftlichen Kontakte. Vielleicht aber muss er nur einfach jemanden haben, an dem er seinen Frust abreagieren kann.«

Besonders japanische Frauen fürchten den Ruhestand ihrer Männer und gerade dort steigen die Scheidungen älterer Ehepaare rasant an. *Gerade im Rentenalter verlassen viele Japanerinnen nach Jahrzehnten der gemeinsamen Ehe ihren Partner* (vgl.: »Japans verlorene Ehen«, ZDF).

Japaner gelten als äußerst fleißig. Eine 80-Stunden-Woche, nur wenige Tage Urlaub im Jahr, ein Leben ganz im Dienst der Firma. Man könnte meinen, dass Japaner sich nach einem derart erfüllten Berufsleben auf ihren wohlverdienten Ruhestand freuen. Doch da gibt es ein Problem. Japanische Männer haben vor lauter Arbeit nie richtig gelernt, etwas mit ihrer freien Zeit anzufangen. Berufstätige Frauen sind davon kaum betroffen, denn sie mussten neben dem Beruf immer auch den Haushalt und die Kindererziehung schultern. *Während japanische Männer unter der nun unbefriedigten Arbeitssucht leiden, werden die japanischen Frauen durch die ungewohnte Dauerpräsenz ihrer verrenteten Männer krank.*

Viele Japanerinnen verlassen ihre Männer, weil sie ihre Anwesenheit nicht mehr ertragen können. Eine Frau klagte in einer Reportage: *»Mein Mann war ein absoluter Workaholic. Er lebte nur für die Arbeit, war nie zu Hause bei mir. Ich kenne ihn jetzt gar nicht* *mehr, wir haben nichts mehr gemeinsam. Mir wird übel, wenn wir länger gemeinsam in einem Raum sind.«*

Japanische Eheberater kennen viele ähnliche Fälle. Viele japanische Neurentner seien wie »nasse Blätter«, die am Schuh der Frau kleben und zu nichts mehr zu gebrauchen seien. Die Männer fallen in ein Loch, sind völlig fremd im eigenen Haus, haben keine sinnvolle Aufgabe mehr. Sie werden zu einer Belastung. Die Frauen fürchten sich davor, werden krank. Diese Krankheit hat auch schon einen Namen bekommen: Das *Mann-zu-Hause-Stress-Syndrom.*

Eheberater versuchen, Ehepaaren, die aus diesen Gründen die Scheidung suchen, zu helfen. Vor allem der Mann müsse sich ändern und sich anstrengen, wenn es seiner Frau besser gehen soll. Er darf sie nicht kontrollieren wie eine Angestellte und er muss sich eine sinnvolle Beschäftigung suchen.

Die Zahl der Scheidungen im Rentenalter nimmt in Japan schneller zu als in jeder anderen Altersgruppe. Und sie wird wohl weiter steigen, denn in Zukunft haben die Frauen dort ein Recht auf bis zur Hälfte der Rente des Partners. Bisher waren sie finanziell meist ganz von ihren Männern abhängig.

Während japanische Frauen in ihrem neuen Leben nach der Scheidung wieder aufblühen, brauchen viele japanische Männer die Unterstützung von Selbsthilfegruppen, um ihren Alltag alleine meistern zu können.

Scheidungen im fortgeschrittenen Alter sind auch bei uns nicht mehr so selten. Dem Statistischen Bundesamt zufolge hat sich die Zahl der Scheidungen von Senioren in den vergangenen sieben Jahren um 70 Prozent erhöht (vgl.: »Warum sich Frauen im Alter scheiden lassen«, NDR).

Zurzeit wird jede 10. Langzeitehe geschieden und meistens sind es die Frauen, die sich für ein Ende der langjährigen unglücklichen Beziehung entscheiden. Auslöser für diese Entscheidung ist häufig eine dramatische Änderung der Familienkonstellation, die den Stein ins Rollen bringt, sei es, dass die Kinder das Haus verlassen haben, sei es, dass der Partner in Rente geht.

Nach langen Jahren des Familienlebens ist man plötzlich wieder ein Paar. Diese Begegnung ist äußerst ungewohnt und beide stellen erschrocken fest, dass es kaum gemeinsame Interessen und Lebensinhalte gibt. Plötzlich hat der Rentner-Ehemann Zeit im Überfluss und kann damit vielleicht gar nichts anfangen. Dann möchte er womöglich unterhalten werden und stellt unrealistische Ansprüche und Erwartungen an seine Partnerin. Nicht selten zeigen sich in dieser Situation die Schattenseiten des Partners.

Der Entschluss, sich zu trennen, fällt bei den meisten älteren Frauen nach einer langen Zeit der Unsicherheit. Dem Wunsch nach einem selbstbestimmten Leben steht die Sorge gegenüber, nicht allein und unabhängig leben zu können. Erst die schmerzhafte Einsicht, dass allein die Trennung vom langjährigen Partner eigenes Leben ermöglicht, dass sie die letzte Chance für positive Veränderungen ist, macht Frauen Mut zu gehen. Eine Wartezeit gibt es nicht mehr.

Tatsächlich nutzen viele Frauen die gewonnene Lebenszeit, um sich wieder zu entdecken, alte Vorlieben und Hobbys aufzunehmen, für sich neue Ausdrucksmöglichkeiten zu finden: Sei es zu malen, zu schreiben, zu tanzen, sich sozial zu engagieren oder einfach die Tage so zu gestalten, wie sie es schon immer wollten.

Mechthild, 59:
»Ich habe mir in meiner Ehe viel bieten lassen müssen und jetzt, wo mein Mann in den Vorruhestand geht, ist es für mich Zeit, einen Strich zu ziehen und endlich an mich selbst zu denken. Ich war vor 4 Wochen auf einem evangelischen Frauentag mit immerhin 80 Frauen zwischen 40 und 80. Die Überzahl lebte allein. Die meisten erlebten es als eine große Erleichterung, nicht mehr neben einem Schnarchbeutel im Bett

liegen zu müssen, der ständig was will. Was unsere Mütter sich nicht zu sagen trauten, wir sagen es: Der Ofen ist aus, die Küche bleibt kalt, keine Lust mehr, einem Mann pünktlich das Essen zu bereiten und die Unterhosen zu waschen. Unser unterstellter Wunsch, versorgt zu werden, hat sich eh nicht erfüllt. Stattdessen mussten wir versorgen. Ich stelle ab sofort die Weichen für ein eigenständiges Leben. Ich bin es satt, von meinem Mann nicht wahrgenommen, stattdessen aber missachtet zu werden. Die Probleme, die sich jetzt auftun, sind nicht erst jetzt entstanden, sie sind mir nur jetzt erst bewusst geworden. Sie sind die Früchte eines frustrierenden Zusammenlebens: Gegenseitiger Respekt, Achtung und Fürsorglichkeit fehlen bei uns schon seit Jahren.«

14. Kränkungen bei der Übergabe eines Familienunternehmens

Eine der größten Schwierigkeiten im Nachfolgeprozess ist neben der Suche nach dem geeigneten Nachfolger die Schwierigkeit des Seniors, den Betrieb aus den Händen zu geben:

Edmund, der Junior, ist inzwischen 54 und hat jahrzehntelang in der Druckerei seines Vaters gearbeitet. Nach der Firmenübergabe an seinen Sohn soll er die Kunden besuchen und Aufträge kalkulieren. Da der Vater ihm aber nie Einblick in betriebswirtschaftliche Kalkulationsgrundlagen gegeben hat, weil er der Chef war, ist der Sohn in der Rolle als Juniorchef überfordert und hilflos. Vielfach wird das so gehandhabt, um Einflussmöglichkeiten im Betrieb zu behalten.

Neben dem Nicht-loslassen-Können des Seniors besteht im Übergabeprozess ein weiteres Problem durch die Rollenüberlagerung der Familienangehörigen. In einem Familienbetrieb überlagern sich in einer besonderen Weise verschiedene Systeme: Das Familiensystem, das betriebliche System und das Eigentümersystem. Oft kommt es zu Spannungen zwischen den verschiedenen Systemen.

Beispiel: Der Sohn und Nachfolger tut sich oft schwer, die Ideen des Vaters und Chefs nicht sofort als überholt abzutun. Oder es stellt für die Ehefrau eine enorme Hemmschwelle dar, gegenüber dem Chef und Ehemann konträre Aussagen zu formulieren.

Auch innerfamiliäre Konflikte, mangelndes Vertrauen und eine destruktive Streitkultur erschweren eine gelingende Nachfolgeregelung. *Familiensysteme sind an sich sehr anfällig für Konflikte und zwischenmenschliche Störungen.* Im Prozess der Nachfolgeregelung können Generationen- oder Geschwisterkonflikte neu belebt werden oder erst aufbrechen. Eine große Angst vor Konflikten verhindert, dass gegensätzliche Interessen verhandelt und Konflikte als Teil des Nachfolgeprozesses akzeptiert werden.

Weitere Hemmnisse für eine Nachfolgeregelung sind, dass der Prozess oft unterschätzt oder verdrängt wird. Die Nachfolge wird als eine kurzfristige Aktion verstanden und nicht als ein längerer Prozess, der bis zu mehreren Jahren andauern kann. Die soziale und psychologische Dimension wird unterschätzt, stattdessen wird die Übergabe auf steuerliche und rechtliche Fragen reduziert. Oft wird die offene Nachfolgefrage ganz verdrängt, sodass die Probleme immer komplexer werden und der Mut, anstehende Entscheidungen in Angriff zu nehmen, immer kleiner wird.

Der Senior muss erkennen, dass seine Zeit vorbei ist, dass er Abschied von seinem Lebenswerk nehmen und zu einer Nachfolgeregelung kommen muss. Dieser Erkenntnisprozess ist für ihn schmerzhaft, besonders dann, wenn keines seiner Kinder willens oder fähig ist, den Betrieb zu übernehmen.

Mehr als 70 Prozent aller Unternehmen in Deutschland sind Familienbetriebe. Nur ein Drittel dieser Firmen schafft den Sprung von der ersten zur zweiten Generation. In der dritten Generation bleibt nur noch ein Zehntel der Firmen in Familienhand.

Der wichtigste Grund für diese Instabilität: Das Beziehungsgeflecht innerhalb einer Unternehmerfamilie ist sehr komplex. Geschäftliche und private Belange sind vielfach miteinander verwoben. *Ein Vater-Sohn-Konflikt an der Spitze kann zum Beispiel das komplette Unternehmen lähmen.*

Vater-Sohn-Konflikte manifestieren sich in Kränkungen des Vaters und des Sohnes:

- wenn der Vater erkennen lässt, dass er seinem Sohn nicht zutraut, den Betrieb allein zu führen,

- ein Senior kann sich gekränkt fühlen, wenn er sein Lebenswerk durch die »neumodischen Ideen« seines Sohnes in Frage gestellt sieht,

- ebenso kann ein Senior gekränkt sein, wenn sein Sohn ihn auf Nachfolge drängt,

- wenn der Sohn Neuerungen einführen möchte, der Vater ihn aber nicht lässt,

- wenn die Innovationen des Sohnes als »unausgegoren« abqualifiziert werden,

- für den Sohn ist es eine Kränkung, wenn man ihm vorwirft, keine Erfahrung zu haben.

Viele Firmenchefs an der Altersgrenze haben die Illusion eines »gleitenden Übergangs« von einer Generation zur nächsten. Dahinter steckt meist nur die Hoffnung, Zeit und Zufall würden den unausgeräumten Konflikt schon irgendwie lösen. *Die Erfahrung aber lehrt, dass ein »klarer Schnitt« die bessere Lösung ist, bei der jeder aufgrund der Veränderung der äußeren Rahmenbedingungen zur Kenntnis nimmt: Es hat etwas Neues begonnen!*

Familienunternehmen sind immer eine Kombination aus Gefühl und Kalkül. Die dabei entstehende Dynamik erfordert von allen Beteiligten eine hohe soziale Kompetenz.

Ratschläge, um Verletzungen zu vermeiden:

- Seniorchef und Junior müssen sich zunächst gegenseitig in ihrer Unterschiedlichkeit anerkennen. Der Junior sollte die Lebensleistungen seines Vaters würdigen, der Senior Verständnis dafür haben, dass der Junior eigene Ideen umsetzen möchte.

- Wenn der Seniorchef weiter im Unternehmen mitarbeitet, müssen Aufgaben und Kompetenzen klar verteilt werden.

- Verantwortung sollte vom Junior eingefordert werden. Dabei kommt es darauf an, sich dem Altunternehmer selbstbewusst gegenüberzustellen.

- Die beste Basis für eine reibungslose Nachfolge bieten auch in einer Familie vertrauensvolle Gespräche und klare schriftliche Vereinbarungen. Auch ein konkreter Zeitplan ist hilfreich.

- Weil es bei der Nachfolge aus Sicht des Juniors zuerst um die eigene Zukunft und dann erst um das Unternehmen geht, sollte die persönliche Lebensplanung den unternehmerischen Entscheidungen vorausgehen. Wenn das Lebensziel eines Juniors eben nicht darin besteht, den Baustoffhandel des Vaters zu übernehmen, dann sollte er sich auch nicht dazu überreden lassen, denn … *»wer in den Spuren anderer geht, hinterlässt selbst keine Spur!«*

15. Verletzungen der »Familienehre«

Es ist noch gar nicht so lange her, dass auch bei uns die Verletzung der Familienehre mit Ausgrenzung geahndet wurde. Mir ist noch aus eigenem Erleben ein Fall bekannt, dass eine Tochter aus katholischem Elternhaus sich in einen Marokkaner, in einen »ungläubigen Heiden«, verliebte und damit die Familienehre beschmutzte. Nachdem der Familienrat getagt hatte, wurde die widerspenstige, uneinsichtige Tochter von der Familie ausgeschlossen. Zuvor hatte man ihr ein Ultimatum gestellt, den Ausländer zu verlassen und in den Schoß der Familie zurückzukehren oder von der Familie verstoßen zu werden. Die Tochter entschied sich für ihre große Liebe und wurde verstoßen mit den Worten ihres Vaters: *»Wir haben keine Tochter mehr!«*

Die »Familienehre« wird nicht nur bei Moslems mit allen Mitteln verteidigt. Auch heute noch spielt die Familienehre auf Sizilien, wo 95 % der Bevölkerung katholisch sind, eine große Rolle. Manchmal kommt es spontan – ungewollt – zu Gefühlsausbrüchen, in denen sich Temperament, Impuls, Zorn, Freude und Versöhnung der heißblütigen Sizilianer spiegeln.

Durch die muslimischen Einwanderer entwickeln sich in Europa immer mehr Parallelgesellschaften, die nach einem anderen Familienkodex leben als die Einheimischen. Meine inzwischen 31-jährigen Töchter haben bereits im ersten Schuljahr Bekanntschaft gemacht mit der Unterdrückung von türkischen Mädchen, selbst von jüngeren Brüdern. Eine meiner Töchter bewertete das damals so: *»Das Schlimmste, das einem passieren kann, ist wohl, als Mädchen in einer türkischen Familie zur Welt zu kommen.«*

Fatma B. mit ihrem 1999 erschienenen Buch *»Hennamond«*, Serap Cileli mit dem im gleichen Jahr erschienenen Buch *»Wir sind eure Töchter, nicht eure Ehre«* und Anfang 2005 auch Necla Kelek mit *»Die fremde Braut«* haben in eindringlichen Schilderungen auf die Problematik von Eheschließungen aufmerksam gemacht, die mehr oder weniger unter Zwang oder zumindest kulturell bedingter fehlender Mitentscheidungsmöglichkeit beider Ehepartner geschlossen wurden. Aber erst der Fall der am 7. Februar 2005 im Namen der »Familienehre« ermordeten 23-jährigen Berliner Türkin Hatun Sürücü hat die breite Öffentlichkeit aufgerüttelt. Es war der sechste Ehrenmord in Berlin in fünf Monaten. Betroffen waren türkische und albanische Frauen.

Die meisten Familien, die sich in die Parallelgesellschaft zurückgezogen haben, verheiraten ihre Kinder mit Kindern, die aus ihrer Region in der Heimat stammen. Damit wird gewährleistet, dass die Tradition, die Normen und Werte des Herkunftslandes erhalten bleiben. Das heißt: Wenn ein Junge hier geboren und auch in die deutsche Schule gegangen ist, heiratet er ein Mädchen, das im tiefsten Anatolien gelernt hat, zu gehorchen und zu heiraten. Die Familie erwartet von diesem Mädchen, dass es ihren Sohn an das Haus der Eltern bindet, sie bedient und ihnen gehorcht. Sie ist Eigentum der Familie. Das verheiratete Paar trägt keine Verantwortung für sich selbst. Die geborenen Kinder werden zu Hause anatolisch erzogen und erst, wenn diese Kinder in die Schule kommen, werden sie mit einer anderen Gesellschaft und deren Werten konfrontiert.

Die typische Braut ist 18 Jahre alt, stammt aus einem Dorf und hat in vier oder sechs Jahren notdürftig lesen und schreiben gelernt. Sie wird von ihren Eltern mit einem ihr unbekannten, vielleicht verwandten Mann türkischer Herkunft aus Deutschland verheiratet. Sie kommt nach der Hochzeit in eine deutsche Stadt, in eine türkische Familie. Sie lebt ausschließlich in der Familie, hat keinen Kontakt zu Menschen außerhalb der türkischen Gemeinde. Sie kennt weder die Stadt noch das Land, in dem sie lebt. Sie spricht nicht die Sprache des Landes, kennt ihre Rechte nicht und weiß nicht, an wen sie sich in ihrer Bedrängnis wenden könnte. In den ersten Monaten ist sie total abhängig von der Familie. Sie muss tun, was ihr Mann und ihre Schwiegermutter verlangen. Wenn sie das nicht macht, kann sie von ihrem Ehemann in die Türkei zurückgeschickt werden – das würde ihren sozialen oder realen Tod bedeuten. Sie wird bald ein, zwei, drei Kinder bekommen. Ohne das gilt sie nichts und könnte verstoßen werden. Damit ist sie auf Jahre an das Haus gebunden. Sie wird in einem fremden Land leben, aber nie dort ankommen. Wer sich dieser aufgezwungenen Lebensweise widersetzt, lebt gefährlich.

Immer wieder werden Frauen getötet, weil sie nicht so leben, wie es sich ihre männlichen Familienangehörigen vorstellen. In Deutschland ist die Zahl der Ehrenmorde besonders hoch und es ist höchste Zeit, dass sich das ändert.

Von Verbrechen im *Namen der Familienehre* spricht man, wenn Mädchen oder Frauen getötet werden, weil sie in Verletzung eines kulturellen Ehrenkodex' ihrem Mann oder ihrer Familie Schande gebracht haben. Das heißt, durch ihr Verhalten haben sie gegen gesellschaftliche Regeln verstoßen und in den Augen ihrer Angehörigen kann dieser Schandfleck nur getilgt werden, indem sie gemaßregelt oder sogar ermordet werden.

Ehrenmorde sind der gewalttätigste Exzess von patriarchalen Kulturen, in denen Frauen keine Freiheit und Selbstbestimmung zugestanden wird. Sie haben keine Entscheidungsfreiheit für ihr Tun, ihre Väter, Brüder oder Männer tragen die Verantwortung – und damit auch die »Pflicht« der Kontrolle und der Bestrafung. Das sittenwidrige »Vergehen« der Frau ist damit automatisch das Vergehen ihrer männlichen Angehörigen, deren Pflicht es dann ist, die auf sie zurückfallende Schande zu sühnen. Jeder Normverstoß einer Frau befleckt in diesem Denksystem die »Ehre« der Familie oder des Mannes.

Tötungsdelikte sind dabei nur die Spitze des Eisbergs, denn Frauen werden mit alltäglicher Gewalt in jeder Form »diszipliniert«. Ehrenmorde sind häufig durch sexuelle Normen bedingt, z.B. das Verbot vorehelicher Sexualkontakte. *Ehrenmorde beruhen nicht auf religiösen Vorschriften, obwohl das häufig behauptet wird und religiöse Gründe als Rechtfertigung genannt werden.* Heute sind sie vor allem in islamisch geprägten Ländern ein verbreitetes Phänomen.

In der Migration verstärkt sich oft der soziale Druck, Regeln und Normen des Herkunftslandes zu respektieren, um die eigene kulturelle Identität nicht zu verlieren. Familien versuchen sich durch den Rückzug auf Traditionen und Wertvorstellungen der alten Heimat zu schützen. Die Realität der Gesellschaft, in der sie nun leben, empfinden sie oft als verwirrend und bedrohlich. Das verstärkt den Druck gerade auf Mädchen und junge Frauen. Ein Beispiel dafür ist die Tatsache, dass viele junge Deutschtürkinnen Kopftücher tragen, obwohl ihre weiblichen Verwandten in der Türkei das nicht tun.

In Deutschland fand ein spektakulärer Prozess statt. Die Deutsch-Türkin Hatun Sürücü wurde durch drei Kopfschüsse in Berlin hingerichtet. Der jüngste Bruder gestand den Mord im Namen der Familienehre.

Der Hintergrund dieses Dramas: Ein Mädchen wird in der Türkei zwangsverheiratet, bringt in Berlin ihr Kind zur Welt, will aber nicht wieder zurück – und verliebt sich in einen Deutschen. Da fasst mindestens einer ihrer Brüder einen mörderischen Plan, um die »Familienehre« zu retten. Die Frau wird kaltblütig mit drei Schüssen hingerichtet.

Hatun S. (23) starb am 7. Februar an einer Bushaltestelle in Berlin-Tempelhof. Ihr Bruder Ayhan S. (19), begründet seine Tat damit, dass er den westlichen Lebensstil seiner Schwester, die auch das traditionelle Kopftuch abgelegt hatte, als Verletzung der Familienehre empfunden habe, durch die er sich gekränkt fühlte. Er habe den freien Lebenswandel und die Moralvorstellungen seiner Schwester nicht akzeptiert und zudem befürchtet, dass ihr kleiner Sohn drogenabhängig werde. Heute bereue er die Tat, die nicht wiedergutzumachen sei.

Die beiden älteren Brüder der ermordeten Frau erklärten über ihre Anwälte, sie hätten seit Jahren keinen Kontakt zur Schwester gehabt. Einer der älteren Brüder, der die Mordwaffe besorgte, bezeichnete sich vor Gericht selbst als gläubigen Moslem. Er erklärte: *»Diese Tat gereicht meiner Familie nicht zur Ehre.«*

»Was hat das Töten eines Menschen mit Ehre zu tun?«, fragte eine Arbeitskollegin von Hatun Sürücü weinend in Gert Monheims Dokumentarfilm des WDR (»Mord im Namen der Ehre?«). In dem Film sprachen nach der Ermordung der jungen Kurdin auch Zeitzeugen und Mitglieder ihrer Familie. Unter ihnen Hatuns Vater Kerem, der schon seit Anfang der 70er Jahre in Deutschland lebt und dennoch kaum deutsch sprechen kann. Hatun liebte einen gleichaltrigen deutschen Mann, der sich aber von ihr trennte, weil er Angst vor ihren Brüdern hatte. Und auch der Zwiespalt der jungen Kurdin wurde deutlich: einerseits das selbst gewählte Leben, andererseits die Familie, die nur die eigenen Werte akzeptiert. Dass sie 1999 nach der Geburt ihres Sohnes nicht mehr in die Türkei zum Ehemann zurückgekehrt war, hatten sie ihr offenbar noch halbwegs verziehen. Das Maß schien jedoch weit überschritten, als sie die enge Wohnung in Kreuzberg verließ, zunächst in

ein Mutter-Kind-Heim zog und sich mithilfe der Betreuerinnen eine eigene Wohnung suchte. Sie sei als scheue junge Frau gekommen, berichtet eine Mitarbeiterin. Aber dann habe es Stück für Stück eine Wandlung gegeben. Hatun Sürücü legte das Kopftuch und den langen Mantel ab, ließ sich das Haar modisch färben und schmückte es mit Spangen. Sie holte den erweiterten Hauptschulabschluss nach, begann eine Elektrotechniker-Lehre. Jeder Schritt in die Selbstständigkeit war ein Schritt weg von der Familie.

Die UNO-Menschenrechtskommission geht von jährlich 5000 Frauen und Mädchen aus, die Opfer von »Ehrenmorden« werden. In Deutschland mussten seit 1995 mehr als 40 Frauen sterben, weil sie aus Sicht der Familie traditionelle Regeln und Normen verletzt hatten.

Pressestimmen:

Mord im Namen der Ehre?
Bereits im März 2003 wurde in Kusterdingen, Deutschland, ein 16-jähriges Mädchen von seinem Vater, einem Kosovo-Albaner, ermordet, weil sie modern gekleidet und geschminkt war. Die Mutter unterstützte die Tochter. Der Vater versuchte, seine eigenen Wertvorstellungen mit Gewalt und Morddrohungen aufrechtzuerhalten. Am 13. März ermordete er schließlich das Mädchen. Nun beginnt der Prozess vor dem Tübinger Landgericht.

(Stuttgarter Zeitung vom 2.12.2003)

Ehe oder Tod
Tausende Mädchen werden jedes Jahr in Deutschland mit Gewalt zur Heirat gezwungen. Politiker fordern mehr Schutz für Opfer von Zwangsheirat.

(Der Spiegel 45/2003)

White Ribbon Österreich startet Plakataktion gegen Gewalt an Frauen
Die White-Ribbon-Initiative setzt sich zum Ziel, Männer für dieses Thema zu sensibilisieren. Eine von fünf Frauen ist laut Schätzungen von Gewalt durch einen Verwandten, Freund oder Bekannten betroffen.

(www.whiteribbon.at 11/2003)

16. Leben mit einem Tabu – verheimlichte Priesterkinder

Eigentlich darf es sie nicht geben: Kinder von katholischen Priestern. Das Zölibat schreibt die Ehelosigkeit der Geistlichen vor. Priesterkinder sind deshalb das bestgehütete Geheimnis in der katholischen Kirche. Wird ein Fall bekannt, sind die Konsequenzen im 21. Jahrhundert nicht anders als im Mittelalter: Verbannung des Priesters, wenn er sich nicht von Frau und Kind trennen möchte.

Allein in Deutschland leben mehrere tausend Priesterkinder. Die Kirche behandelt dieses Thema als Tabu, obwohl die meisten Katholiken den Zwang zur Ehelosigkeit ihrer Priester für überholt halten. Wie fühlt sich das für diese »verheimlichten Kinder« an?

Immer mehr Priesterkinder, die es nach dem Willen des Papstes und seiner Bischöfe nicht geben dürfte, outen sich. Sie beschreiben ihre Situation, ihre Liebe zu und Sehnsucht nach ihrem Vater, die sie verbergen müssen, und wünschen sich nichts sehnlicher, als sich nicht länger schämen und verstecken zu müssen.

Daniel, 28:
»Vor einem Jahr platzte mir der Kragen. Ich verteilte Flugblätter

in den Briefkästen unseres Dorfes, einer 1000-Seelen-Gemeinde. Auf meinem Flugblatt stand: ›Ihr findet es vielleicht widerlich, dass ich, der Älteste von drei unehelichen Kindern, jemanden oute, den ihr schätzt. Aber heute habe ich es satt, dass diese Person ruhig leben kann, während meine Geschwister und ich gelitten haben und immer noch unter der Situation leiden.‹«

Daniel konnte die Verlogenheit und Heimlichkeit nicht mehr ertragen und wandte sich offensiv an die Öffentlichkeit. Er stellte seinen Vater, einen inzwischen 63-jährigen Priester, öffentlich an den Pranger.

Warum hat Daniel das getan? Er hatte über weite Strecken seines Lebens schweigen und mit einem Tabu leben müssen, das ihn sehr belastete. Er wollte nicht mehr das Opfer sein und unter etwas leiden, wozu er absolut nichts konnte. Seine Entlastung, die er durch das Brechen des Tabus erreichte, löste jahrelang geübte Verhaltensmuster auf, die die meisten Priesterkinder trainieren mussten: vertuschen, verheimlichen, verleugnen. Es gehört viel Mut dazu, den Teufelskreis aus Schuld, Scham und Sünde, in dem sich die Eltern oft gefangen fühlen, in der nächsten Generation zu durchbrechen.

Anna, 17:
»Ich musste immer stottern und stammeln, wenn ich in der Schule nach dem Beruf des Vaters gefragt wurde. Der war katholischer Priester und hatte meine Mutter nach 13 Jahren heimlicher Beziehung wegen einer anderen verlassen. Wut und Ohnmacht wechseln sich in mir ab und ich habe mir auch schon überlegt, ob ich mir therapeutische Hilfe hole. Oft fühle ich mich schuldig, weil es mich gibt. Ich habe auch schon mal Selbstmordgedanken gehabt und mir gesagt: ›Wenn es mich nicht mehr gibt, dann geht es allen besser!‹«

Andreas, 19:
»Mit neun Jahren erfuhr ich, dass ich der Sohn eines katholischen Priesters bin. Nach Jahren der Heimlichkeiten, auf deren Grundlage ein Kind kein gesundes Selbstwertgefühl aufbauen kann, bekannte sich mein Vater zu mir und meiner Mutter und damit fingen die Probleme erst richtig an. Er musste den Hut nehmen und sein Amt quittieren. Nicht einmal als evangelischer Religionslehrer wurde er aufgrund eines Abkommens der evangelischen und katholischen Kirche angenommen. Seitdem ist er arbeitslos und meine Mutter versucht mehr schlecht als recht den Unterhalt für uns herbeizuschaffen. Ich finde es unwürdig, ein verlogenes Leben führen zu müssen, aber auch die Art und Weise, wie die Kirche mit denen, die sich zu ihren Kindern bekennen, umgeht. Ist das etwa christlich?«

(Literaturtipp siehe Anhang)

Teil 3

Kränkungen verarbeiten und heilen

1. Das Verhalten in der Konfliktsituation

Souverän über den Dingen zu stehen und Kränkungen nicht zur Kenntnis zu nehmen fällt in einer aktuellen Verletzungssituation schwer. Gemeint ist die Situation, in der Sie von einem anderen, dem »Angreifer«, direkt gekränkt werden und Sie auch darauf reagieren können und müssen. Diesen Kränkungen sind Sie nicht schutzlos ausgeliefert, Sie können sich wappnen. Weil es so viele unterschiedliche Kränkungssituationen gibt, können die folgenden Reaktionsregeln nur Beispielcharakter haben.

Kontern Sie mit Schlagfertigkeit:

- *»Angriff ist die beste Verteidigung!«* Verlassen Sie die passive »Duldungsrolle« und drehen Sie den Spieß um! Überraschen Sie durch Schlagfertigkeit, Unkalkulierbarkeit und prompte Retourkutsche. Verunsichern Sie den Angreifer, werden Sie unberechenbar! Das schreckt ab!

- Nicht jeder ist schlagfertig und Sie kennen bestimmt auch das Gefühl, dass einem buchstäblich »die Spucke wegbleibt«, wenn man wieder einmal das Opfer einer spitzen Bemerkung geworden ist.

- In der Regel wissen Sie aber, von wem Sie beim nächsten Zusammentreffen wieder eine Kränkung erwarten können. Auch die Zielrichtung ist Ihnen vermutlich bekannt. Das setzt sie in die Lage, sich in Schlagfertigkeit zu üben und sich mit einigen Abwehrpfeilen auszustatten.

- Verpacken Sie Ihre Gegenargumente in feine Ironie, z. B.: *»Vorsicht: Wer im Glashaus sitzt, sollte nicht mit Steinen werfen!«* Damit machen Sie den anderen auf eigene Schwachstellen aufmerksam. Dazu gehört auch, dass Sie Ihren Gegner ins Leere laufen lassen, indem Sie ihm recht geben und Komplimente machen.

Versuchen Sie kühlen Kopf zu bewahren, bleiben Sie gelassen und reagieren Sie wenn möglich mit Humor:

- Fragen Sie sich: Ist meine Reaktion angemessen? Kann ich etwas ändern? Hat es etwas mit mir zu tun oder bin ich vielleicht gerade nur der »Prellbock«?

- Gelassene Menschen versuchen niemals, das Schicksal zu bezwingen und ihre Energie für etwas zu verschwenden, was sie ohnehin weder beeinflussen noch ändern können. Das schützt sie vor Kränkungen. Gelassenheit ist etwas, womit wir Aufregung, Angst und Ärger kontrollieren können. Mit Gelassenheit und Humor wirken Sie souverän.

- Überlegen Sie sich abgestufte Reaktionsmuster, damit sie nicht aus der Mücke einen Elefanten machen und der Situation zu viel Bedeutung geben. Das führt meist zu einer Überreaktion. Sie sollen zwar reagieren, aber nicht so, dass Sie alle Türen zuschlagen und sich selbst ins Ausseits bringen. Gehen Sie auf Abstand, aber riskieren Sie keinen Kontaktabbruch.

Zeigen Sie dem Angreifer seine Grenzen:

- *»Mir gefällt nicht, dass Sie schreien, denn Schreien ist Aggression. Wer schreit, hat weder bessere Argumente noch mehr Recht!«* Sie machen dem Aggressor etwas bewusst, zeigen ihm die »gelbe Karte« und grenzen sich selbst ab.

- *»Ihren Stil der Auseinandersetzung finde ich nicht besonders kooperativ. So kommen wir nicht weiter! Ich schlage vor, das Thema noch einmal zu einem günstigeren Zeitpunkt aufzugreifen.«* Sie reagieren nicht verletzt, sondern souverän, indem Sie dazu auffordern, zur Sachebene zurückzukehren. Damit führen *Sie* Regie!

- Auch in Konfliktsituationen geht es darum, die Formen zu wahren. Wenn sie Ihren Ärger nicht beherrschen können, unterbrechen Sie weitere Auseinandersetzungen. Das wirkt ähnlich wie ein Gedankenstopp. Ziehen Sie sich zum »Abreagieren« zunächst zurück.

- Zeigen Sie demjenigen, der Sie kränkt, dass er eine Grenzüberschreitung begangen hat, die Sie nicht hinnehmen. Damit praktizieren Sie Selbstschutz und grenzen sich ab.

- Machen Sie deutlich: *»Ich stehe als »Opfer« nicht (mehr) zur Verfügung!«*
  Geben Sie dem Kränkenden keine Macht über sich und steigen Sie notfalls aus dem »Spiel« aus.

Zwingen Sie den Angreifer auf die sachliche Ebene:

- *»Könnten Sie mir mal bitte auf die Sprünge helfen? Ich habe immer noch nicht verstanden, was Sie mit Ihrer Andeutung sagen wollten.«* Sie gewinnen Zeit und hebeln die Absicht des anderen, Sie unterschwellig anzugreifen oder bloßzustellen, aus.

- *»Das haben Sie doch bestimmt nicht so gemeint, wie Sie es gesagt haben. Weil ich heute in bester Laune bin, gebe Ihnen noch einmal Gelegenheit nachzubessern!«* Damit zeigen Sie auf humorvolle Art Ihre Unangreifbarkeit und bringen sich in die Position des Überlegenen.

Suchen Sie ein klärendes Gespräch:

- Seelische Verletzungen entstehen erst durch langes Grübeln. Psychologen raten deshalb, den Ärger dort »abzureagieren«, wo er entstand.

- Natürlich können Sie die Kränkung sofort zur Sprache bringen. Kein beleidigtes *»Du falsches Biest«* kein patziges *»Du wirst schon sehen, was du davon hast«*. Trotzreaktionen treiben Sie nur in die Einsamkeit. Besser eine klare Ich-Botschaft *(»Ich fühle mich gekränkt«)* statt Anklagen in Du-Form (*»Du hast mich beleidigt«)*. Wenn die Gefahr besteht, dass Sie mit Ihren verletzten Gefühlen nicht ernst genommen werden, verschieben Sie das Gespräch auf den nächsten Tag. Statt lange zu argumentieren, welches Verhalten richtig gewesen wäre, sagen Sie: *»Das hat mich gekränkt«*, und fragen dann nach den Motiven.

- Angst vor Konflikten ist unbegründet. Sie auszutragen ist besser, als den Ärger stillschweigend zu schlucken und zu leiden, denn Kränkungen, die nicht »bereinigt« werden, entwickeln in unserer Seele ein Eigenleben und belasten uns. Eine Klärung sollten Sie deshalb nicht zu lange hinausschieben, auch weil Sie eventuell das Risiko eingehen, dass sich aus der ursprünglichen Kränkung eine »Kränkungsspirale« entwickelt (siehe Teil 1, Kapitel 3: »Reaktionen auf Kränkungen«).

2. Der Umgang mit Kritik

Für Altbundeskanzler Helmut Schmidt stand fest: *»Wer Kritik übel nimmt, hat etwas zu verbergen.«*

Und so sollten auch Sie sich fragen: Wie gehe ich mit Kritik um? Fühle ich mich angegriffen? Bin ich sauer und übe im Gegenzug Kritik am Kritiker? Oder reagiere ich einfach verletzt?

Kritik ist an sich keine Kränkung, wenn sie sachbezogen ist, in Ton und Gestik sachlich vorgetragen wird und in ihrer Aussage konstruktiv ist (siehe Teil 1, Kapitel 1: »Definition und Arten von Kränkungen«). Leider sieht die Wirklichkeit oft anders aus. Da wird der Kritiker laut, emotional, seine Aussagen sind nicht sachbezogen, sondern pauschal, übertrieben, manchmal sogar beleidigend. Kritik ist dann kränkend, wenn sie unberechtigt ist und nur zum Anlass genommen wird, um jemanden persönlich anzugreifen und zu treffen. Dann ist Kritik ein Vorwand (Mittel zum Zweck), um den anderen zu verletzen.

Aber egal, in welchem Gewand die Kritik auftritt, Menschen mit schwachem Selbstwertgefühl oder solche, deren »wunder Punkt« getroffen wurde, fühlen sich *immer* gekränkt, weil es ein menschliches Grundbedürfnis ist, anerkannt zu sein und gelobt zu werden.

Kritik hört niemand gerne. Trifft sie uns unerwartet, sind wir verletzt. Erwarten wir sie, gehen wir ängstlich in die Defensive. Kritikerfahrungen der Kindheit bestimmen unseren Umgang mit Kritik. Als Kind sind wir oft nicht für unser Verhalten, sondern eher pauschal kritisiert worden. *»Du bist zu ungeschickt!« »Du bist faul!« »Du hast zwei linke Hände.« »Alles machst du kaputt«.*

Wenn uns jemand kritisiert, dann empfinden wir dies überwiegend nicht als gut gemeinten Rat, sondern als Ablehnung unserer Person, Strafe, Liebesentzug. Das Gefühl, Unvollkommenheit aufzuweisen, beeinträchtigt unser Selbstwertgefühl. Wir greifen zu Abwehrmechanismen (zudecken, beschönigen, rechtfertigen).

Wir haben gelernt, Menschen, die uns kritisieren, zu misstrauen. Wir erwarten einen Angriff und wir glauben, uns verteidigen zu müssen. Unsere Reaktion auf Kritik hat deshalb viel damit zu tun, wie wir mit unserer eigenen inneren Kritik umgehen. Mitunter leiden wir an einem Selbstbild, das viel negativer ist als das Bild, an das die Kritik von außen kommt.

Um nicht in der beschriebenen Weise destruktiv auf Kritik zu reagieren, sondern souverän, selbstbewusst und konstruktiv, muss sich etwas in unserem Kopf ändern. Wir erkennen:

1. »Kritik kann mir helfen, bestimmte Facetten meines Verhaltens positiv zu verändern, kann mir helfen, meine Professionalität weiterzuentwickeln.«

- Lassen Sie die mit der Kritik möglicherweise verbundenen Angriffe auf Ihre Person an sich abperlen wie Regentropfen an einem Friesennerz und entwaffnen Sie Ihren Kritiker mit Ihrem elegantesten Lächeln.

- Nehmen Sie die Kritik auf und fragen Sie sich: »*Was kann ich daraus lernen?*« Fragen Sie nach den genauen Wahrnehmungen des Kritikers, nach Details, wenn Ihnen die Kritik noch zu ungenau erscheint.

- Aus konstruktiver Kritik können wir Lehren ziehen. Beobachtungen anderer Menschen schärfen unsere Selbstwahrnehmung. Anstatt sich gegenüber Kritik hilflos und ausgeliefert zu fühlen, sollten wir uns bewusst machen, dass Kritik stärkend sein kann. Sie könnten kritische Rückmeldungen nicht als Geringschätzung Ihrer Person begreifen, sondern als Ausdruck von Respekt und Zuneigung, denn Menschen, denen wir gleichgültig sind, äußern keine Kritik.

- So gesehen und richtig bewertet, kann Kritik ein Geschenk sein.

- Sollte eine Kritik Ihnen auch nicht ansatzweise nützen, dann ändern Sie die Einstellung zu Ihrem Kritiker.

2. »Sei so frei, dass es dir gleichgültig ist, was andere über dich denken, und du wirst glücklich sein!«

Nur so erlangen Sie innere Freiheit und Unabhängigkeit, denn wenn es uns so wichtig ist, was dieser Kritiker von uns denkt, dann geben wir ihm eine Menge Macht über uns. Und je mehr andere merken, dass wir von ihrem Urteil abhängig sind, desto mehr können sie diese Macht auch missbrauchen und uns manipulieren!

3. »Nicht meine Erfolge haben mich nach vorn gebracht, sondern meine Niederlagen.«(Zitat eines Spitzensportlers)

Wer Fehler macht, wem eine Panne passiert, bietet den Kritikern eine Steilvorlage. Aber nicht nur wegen der zu erwartenden Kritik reagieren die meisten Menschen auf Misserfolge so allergisch, sondern weil sie den Code in ihrem Kopf »einbetoniert« haben: *»Fehler sind schlecht!« »Pannen müssen vermieden werden!« »Misserfolge sind negativ!«*

Das stimmt ja auch, werden Sie sagen, wer möchte schon gern Fehler machen? Anerkennung bekommt man doch nur für eine makellose Leistung. Aber weil wir nicht vollkommen sind, gibt es immer wieder einmal Fehlleistungen.

Entscheidend ist nur, wie wir damit umgehen.

Wir sollten erkennen, dass uns jeder Fehler auch eine Chance bietet:

- Wenn wir Fehler, Pannen und Misserfolge richtig analysieren, lernen wir aus ihnen, uns weiterzuentwickeln. Ich hörte einmal, wie mein Mann, am Flügel übend, einen Patzer machte und zu seiner Geigerin sagte: *»Gott sei Dank ist mir das jetzt passiert und nicht erst beim Vorspiel!«*

- Wir wollen Erfolge ohne Misserfolge und Leistung ohne Fehler. Das ist wie Tage ohne Nächte und Berge ohne Täler!

- Wenn Ihnen klar wird, dass Fehler genauso notwendig für Ihre Entwicklung sind, dann lernen Sie, innerlich zu ihren Fehlern JA zu sagen!

- Wenn Sie bereit sind, aus Ihren Fehlern zu lernen, dann werden Sie bei einer Kritik anders verfahren als früher. Sie werden nämlich gezielt *nachfragen, wenn Ihnen die Kritik zu pauschal erscheint.* Damit schlagen Sie drei Fliegen mit einer Klappe: Erstens könnte es sein, dass Sie von der Kritik profitieren, indem Sie etwas hinzulernen. Zweitens ist jede interessierte Frage an den anderen immer eine Streicheleinheit für sein Selbstwertgefühl, denn sie zeigt, dass Sie ihn ernst nehmen, dass Sie ihn respektieren, dass Sie von ihm lernen wollen. Drittens entlarven Sie die Miesepeter, die prinzipiell herummeckern.

- Sagen Sie sich immer wieder: *»Ich stehe zu meinen Fehlern!«* oder: *»Ich lerne aus meinen Fehlern!«*, bis Sie in der Lage sind, jeden Ihrer Fehler als Lernchance anzusehen. Vielleicht kennen Sie die Sprüche: *»Probleme sind dazu da, um gelöst zu werden«* oder: *»Es gibt keine Niederlagen, sondern nur Herausforderungen und Erfahrungen!«*

4. Verabschieden Sie sich vom Zwang, perfekt zu sein!

- Menschen, die ihre Ansprüche so hoch schrauben, dass sie kaum noch zu erfüllen sind, kränken sich selbst, weil sie in dem ständigen Gefühl leben, nicht gut genug zu sein. Sie machen sich aber auch dadurch verletzbar, dass sie zu hohe Erwartungen an andere Menschen stellen und auf diese Weise zwangsläufig enttäuscht werden.

- Das Problem stellt sich in allen Lebensbereichen, in Ehe und Familie ebenso wie in Beruf und Freundeskreis. Hier hilft nur, dass Sie Ihre *Erwartungen ändern*: Wer verlangt, dass andere Personen sich in einer bestimmten Weise zu verhalten haben, bietet die ideale Angriffsfläche für Kränkungen. Klar ist es höflich, z. B. Verabredungen penibel einzuhalten, und wenn etwas dazwischenkommt, rechtzeitig Bescheid zu geben. Aber zu hoffen, dass sich jedermann zu 100 Prozent an diese Regel hält – ist das realistisch?

- Schrauben Sie Ihre Erwartungen herunter und lassen Sie die Dinge auf sich zukommen. Spontane Änderungen Ihrer Pläne geben Ihnen Freiräume. Seien Sie großzügig und gestatten Sie es sich, Ihre Meinung zu ändern! *Ihre seelische Immunität steigert sich dadurch, dass Sie großzügig mit sich selbst und anderen umgehen.*

- Denken Sie, wenn Sie andere kritisieren, immer an die Nebenwirkungen, an das Selbstbewusstsein (Gesichtsverlust), an Ihr eigenes wie auch das der anderen!

- *»Wie man in den Wald hineinruft (schimpft, lobt, sachlich klärt, interessiert fragt usw.), so schallt es heraus!«*

Zusammenfassung:

- *Hören Sie zuerst einmal in Ruhe zu!* Reagieren Sie nie direkt ohne Bedenkzeit. Durch aktives Zuhören verschaffen Sie sich eine notwendige Bedenkzeit. Wiederholen Sie die Kritik mit Ihren eigenen Worten, um klarzustellen, ob Sie den anderen richtig verstanden haben. Dadurch gewinnen Sie auch Zeit zum Nachdenken, wie Sie reagieren wollen.

- *Stehen Sie zu Ihren Fehlern!* Wer viel arbeitet, macht zwangsläufig auch viele Fehler. Gestatten Sie sich, als Mensch unperfekt zu sein und Fehler machen zu dürfen. Das ist eine selbstbewusste Haltung, die Ihnen nebenbei Sympathien sichert. Stehen Sie zu Ihren Fehlern und versuchen Sie nicht, sich herauszureden. Das ist ein untauglicher, unwürdiger Versuch, Fehler zu kaschieren. Sagen Sie dem Kritiker, was Sie tun wollen, um den Fehler zu korrigieren, und signalisieren Sie dadurch Veränderungsbereitschaft!

- *Fragen Sie genau nach, was der andere meint:* Kritik ist oft sehr pauschal und unspezifisch. Gründe, Wünsche, Anliegen und Erwartungen werden vom Kritiker häufig nicht direkt genannt. Lenken Sie die Kritik durch sachliches Nachfragen in eine konstruktive Richtung.

- *Nehmen Sie sachliche Kritik nicht persönlich!* Trennen Sie Kritik an der Sache immer von Kritik an der Person. Besonders Menschen mit geringem Selbstbewusstsein fällt das schwer.

- *Attackiert Sie der Kritiker mit unsachlicher Kritik, dann setzen Sie Grenzen!*
  Weisen Sie nur souverän, aber höflich, auf die Spielregeln des Umgangs hin. *(»Ich werde mich gern mit Ihnen in der Sache auseinandersetzen, doch bitte unter vier Augen und nicht hier und nicht in diesem Ton!«)*

3. Der Perspektivwechsel

Niemand ist Kränkungen hilflos ausgeliefert. Diejenigen, die sich gekränkt fühlen, stellen oft sich und ihre gesamte Persönlichkeit in Frage. Ein *Perspektivwechsel* kann in solchen Situationen helfen, dem Vorfall eine neue Bedeutung zu geben und den Angriff nicht bei sich persönlich zu suchen.

Wer sich gekränkt fühlt, unterstellt unwillkürlich, der andere habe ihn mit Absicht kränken wollen oder sei zumindest unsensibel und gedankenlos. Drücken Sie bei Ihrer Phantasie die Pausentaste und versuchen Sie, den Sachverhalt mit den Augen der anderen zu sehen. Wer sich über Ihre neue Frisur amüsiert, muss Ihren neuen Haarschnitt nicht schlecht finden, vielleicht zunächst nur etwas gewöhnungsbedürftig. Häufig kommt es vor, dass man sich beispielsweise bei einer Feier amüsieren will und das geht am besten auf Kosten anderer. Man konzentriert sich auf die auffälligste Veränderung der letzten Zeit. Ein Pech für Sie vielleicht, dass es gerade Ihre Frisur war.

Kränkungen haben mehr mit uns selbst zu tun, als uns lieb ist. Wer hypersensibel auf jeden Blick oder Kommentar reagiert, alles auf sich bezieht und persönlich nimmt, hat ein Problem mit sich selbst. Oft hat nämlich das Verhalten eines anderen gar nichts mit einem selbst zu tun, trotzdem fühlen wir uns häufig missachtet oder abgelehnt.

Wenn ich bei einem Seminar beispielsweise Müdigkeitserscheinungen bei meinen Teilnehmern feststelle, kann ich das auf zweierlei Weise deuten:

- dass meine Darbietungen langweilig und ermüdend sind oder

- dass im Raum Sauerstoffmangel herrscht oder ein gähnender Teilnehmer aus anderen Gründen müde ist.

Beziehe ich allerdings die wahrgenommenen Ermüdungserscheinungen auf mich und mein Seminar, dann muss ich mich natürlich abgewertet und durch das Desinteresse der gähnenden Teilnehmer gekränkt fühlen. Bei noch unerfahrenen Seminarleitern kann eine solche Wahrnehmung dermaßen verunsichern, dass sie das Konzept verlieren.

Damit Trainer oder Seminarleiter mit solchen Situationen umgehen können, ist ein *Perspektivwechsel* angesagt. In dem geschilderten Fall hieße das, sich in der Wahrnehmung auf die Teilnehmer zu konzentrieren, die nicht gähnen, sondern aufmerksam zuhören und eifrig mitmachen.

Schlimmstenfalls muss ein Seminarleiter auch zur Kenntnis nehmen können, dass ein gähnender Teilnehmer sich tatsächlich langweilt, weil er vielleicht etwas anderes erwartet hat. Falsch wäre es in einem solchen Fall, diese Wahrnehmung zu verallgemeinern und auf die gesamte Gruppe zu übertragen. Hilfreich könnte es für einen Seminarleiter in einer solchen Situation auch sein zu denken:

»Ich gebe mein Bestes, kann aber akzeptieren, dass ich es nicht jedem recht machen und auch nicht jedem gefallen kann.«

Die Hl. Schrift weist uns darauf hin, dass wir häufig genug betriebsblind sind und nur uns im Zentrum des Geschehens sehen. Den Splitter im Auge des anderen erkennen wir leicht, den Balken im eigenen Auge weniger.

Es besteht in der Tat ein enger Zusammenhang zwischen der Blindheit gegenüber den eigenen Fehlern und dem Röntgenblick für die Fehler anderer. Wir messen gern mit zweierlei Maß: mit Nachsicht für unsere Schwächen und mit Härte gegenüber dem Versagen des Nächsten.

Unversöhnlichkeit aber macht blind für die eigene Schuld. Wir sind nicht immer nur Opfer, wir sind auch Täter. Wir werden nicht nur gekränkt, wir kränken auch. Wir sind enttäuscht, weil wir jemanden idealisiert haben und unsere Hoffnungen zunichte gemacht wurden. Wie oft machen wir uns das Leben gegenseitig schwer durch Neid, Eifersucht oder Egoismus. Wie oft vergessen wir Geburtstage, machen dumme Bemerkungen, übersehen jemanden, suchen den eigenen Vorteil.

Ein Perspektivwechsel kann eine Wende bringen, kann ermöglichen, mit den Augen des anderen zu sehen, mit seinen Ohren zu hören und mit seinem Herzen zu fühlen. Wenn wir es schaffen, uns mehr in andere hineinzuversetzen, werden wir akzeptieren können, dass nicht alle Menschen gleich »ticken«. Diese Akzeptanz und Toleranz gegenüber allem Anderen, Fremden, Unverständlichen schafft eine Plattform des Verstehens auf höherem Niveau. Wo ernsthaft der Versuch unternommen wird, einander zu verstehen, kommt es seltener zu Kränkungen und Verletzungen.

»Nicht, was wir erleben, sondern wie wir empfinden, was wir erleben, macht unser Schicksal aus«.

Dieses Zitat von Marie von Ebner-Eschenbach, bezogen auf Kränkungen, macht uns aufmerksam auf den Unterschied zwischen dem *Vorgang* der Kränkung und dem seelischen *Zustand* der Kränkung, in dem sich der Gekränkte befindet (siehe Teil 1, Kapitel 1: »Definition und Arten von Kränkungen«).

Ein Perspektivwechsel setzt diese Erkenntnis voraus.

So können Sie Ihre Wahrnehmung auf positiven Kurs bringen:

- Achten Sie beim nächsten Negativerlebnis darauf, wie Sie es annehmen. Lassen Sie sich herunterziehen? Verfallen Sie in Selbstmitleid? Dann polen Sie sich um! Bekanntlich hat alles zwei Seiten. Wer beide wahrnimmt, der positiveren aber deutlich mehr Gewicht gibt, fühlt sich automatisch besser. *Sie haben die Wahl, ein Glas halb voll oder halb leer zu sehen.*

- Klug ist es, sich an dem zu freuen, was man hat. Neid und Missgunst und ständige Vergleiche mit Besseren, Erfolgreicheren, Klügeren oder Schöneren machen depressiv.

- Vergessen Sie, was Sie früher gelernt haben. Eigenlob stinkt nicht! Wer es versteht, sich selbst anzuerkennen und zu loben, trägt einen wichtigen Baustein zur positiven Selbstwahrnehmung in sich.

- Statt chronisch schwarz zu sehen oder ständig etwas zu befürchten, stellen Sie sich belastende Situationen positiv vor und dass sie gut und erfolgreich ausgehen werden (Arztbesuch, Bewerbungsgespräch, Auseinandersetzungen aller Art).

Sie sehen, dass wir Kränkungen nicht hilflos ausgeliefert sind. Ob wir etwas als Kränkung erleben und wie stark wir uns verletzt fühlen, hängt nicht nur davon ab, was andere uns antun. Wir selbst tragen unseren eigenen Anteil dazu bei.

Eine Geschichte[12], die zum Nachdenken anregt:

»An der nördlichen Grenze des alten China lebte ein Mann, der besonders geschickt darin war, Pferde zu züchten. Die Menschen wussten von ihm und nannten ihn Sai Ong – wörtlich ›alter Grenzbewohner‹.

Eines Tages, aus einem unbekannten Grund, riss sich sein Pferd los und rannte in das Hu-Territorium hinter der großen Mauer. Die Hu-Stämme waren den Chinesen feindlich gesonnen, sodass alle annahmen, das Pferd sei so gut wie verloren.

Pferde waren für die Menschen, die an der Grenze lebten, sehr wertvoll, daher betrachteten sie diesen Verlust als ein großes finanzielles Unglück. Sie besuchten Sai Ong, um ihre Sympathie zu bekunden, aber Sai Ongs alter Vater überraschte sie, indem er ruhig und unbeeinflusst blieb. Zu ihrem großen Erstaunen fragte der alte Mann: ›Wer sagt, dass dies nicht irgendeine Art Segen sein kann?‹

Monate später kehrte das Pferd mit einer Begleiterin zurück – einer feinen Stute einer Hu-Züchtung. Es war, als hätte sich Sai Ongs Reichtum auf einmal verdoppelt. Jeder kam vorbei, um das neue Pferd zu bewundern und ihm zu gratulieren, aber wieder zeigte sein alter Vater keine großen Emotionen. Er sagte: ›Wer sagt, dass dies nicht irgendeine Art Unglück sein kann?‹

Sai Ongs Sohn ritt gern und ritt mit dem neuen Pferd herum. Es geschah ein Unfall, sodass er fiel und sich ein Bein brach. Wieder kamen mitfühlende Leute, um der Familie Beileid auszudrücken, und wieder sahen sie, dass der Großvater so ruhig blieb wie immer. Genau wie vorher sagte er ihnen: ›Wer sagt, dass dies nicht irgendeine Art Segen sein kann?‹

Ein Jahr später versammelten sich die Hu-Menschen und überquerten die Grenze zu China. Alle tauglichen jungen Männer wurden in die Armee berufen, um das Land zu verteidigen. Heftige Kämpfe entbrannten, es gab hohe Verluste auf beiden Seiten. Von den Bewohnern an der nördlichen Grenze starben neun von zehn Männern.

Sai Ongs Sohn zog nicht in den Kampf, da sein Bein gebrochen war. Daher blieb ihm das schreckliche Schicksal erspart und seine Familie überlebte den Krieg vollständig.

So kann sich Segen als Unglück herausstellen und Unglück als Segen.«

4. Selbstschutz durch Selbstbewusstsein

Das wichtigste Mittel zur Förderung eines gesunden Selbstbewusstseins ist, sich selbst als wertvoll und vollständig zu empfinden, unabhängig von jeder Leistung.

Erkenne, was du wirklich wert bist! Dazu eine kleine Geschichte:

Es war einmal eine kleine Seele, die wusste, dass sie das Licht war. Doch das reichte ihr nicht. Sie wollte es nicht nur wissen, sondern auch sein. Sie wollte erfahren, wie es ist, das Licht zu sein.

Dort, wo sie lebte, gab es nur Licht. So musste die kleine Seele an einen Ort, an dem es Dunkelheit gab. Sie musste zuerst das Gegenteil kennen lernen, um zu begreifen, wer sie selbst wirklich war.

Sie wollte auch gern eine weitere Erfahrung machen. Sie wollte gern jemandem verzeihen.

Auch in diesem Fall musste sie erst das Gegenteil kennen lernen, um verzeihen zu können.

Da sie aber diese Erfahrung nicht allein machen konnte, begegnete sie in ihrem Leben den Seelen, die ihr das Gegenteil »antaten«, damit sie ihre Erfahrung machen konnte.

Um ihre selbst gestellte Aufgabe zu erfüllen, brauchte sie sich nur zu erinnern:

erinnern an ihren Entschluss,
erinnern an das, was sie lernen wollte,
erinnern daran, dass die anderen Seelen ihr helfen wollen,
erinnern an ihre Herkunft,
erinnern an das, was sie wirklich ist,
erinnern daran, wer wir alle wirklich sind.

(Verfasser unbekannt)

Man kann sein Selbstbewusstsein auf verschiedene Weise fördern und trainieren, allerdings nicht mit dem Ratschlag *»Nun sei doch mal selbstbewusst!«* Wichtig ist es, sich mit der eigenen Unsicherheit und ihren möglichen Gründen auseinanderzusetzen. Es kann nicht verkehrt sein, darüber nachzudenken, *wovor man Angst hat und in welchen Situationen man sich klein fühlt.* Das eigene Selbstbewusstsein kann man auch dadurch stärken, indem man sich eigene Vorzüge bewusst macht. Dabei geht es nicht darum, sich wie ein Gorilla auf die Brust zu trommeln und zu sagen: *»Ich bin toll.«* Die Kunst besteht gerade darin, sich selbst und seine Leistungen dezent zu betonen, ohne dass es wie Selbstlob wirkt. *Selbstbewusstsein erreicht man auch dadurch, indem man immer mehr der eigenen inneren Stimme vertraut und ihr folgt.*

Mit Hilfe von Autosuggestion *(»Ich kann das, ich schaffe das«)* kann man sich selbst motivieren, Selbstwertgefühl fördern und die lästigen Selbstzweifel auflösen.

Sie kennen bestimmt das Zitat *»Wer sich zum Schaf macht, den fressen die Wölfe«*. Wer sich als Opfer präsentiert, ist leichte Beute. Selbstbewusstsein ist auch hier der wirksamste Selbstschutz, der einen von vornherein weniger angreifbar macht.

Immer selbstbewusst und schlagfertig zu wirken, wer wünschte sich das nicht? Wer aber eher zurückhaltend ist, muss das nicht ändern, sondern sollte das als Teil seiner Persönlichkeit akzeptieren. Oft ist es auch ein Plus, denn ein Zuviel an Selbstbewusstsein verfehlt die Wirkung: *»Wer protzt, wirkt unsensibel, angeberisch und selbstherrlich.«*

Merke: **Wir verlieren nie unseren Wert!** [13]

Ein Erfolgstrainer begann damit, dass er einen 50-EURO-Schein hochhielt und die Teilnehmer fragte: »Wer möchte die 50 EURO haben?« Fast alle Teilnehmer hoben die Hand.

Er knüllte den Schein zu einer Kugel zusammen und fragte wieder: »Wer möchte immer noch die 50 EURO?« Und wieder meldeten sich fast alle.

Nun ließ er den zusammengeknüllten Schein auf den Boden fallen und trat mit den Füßen ein paar Mal auf ihn. Er hob den schmutzigen und völlig zerknitterten Schein auf und fragte: »Und wer will jetzt immer noch die 50 EURO?« Und wieder meldeten sich fast alle Teilnehmer. Schließlich hatte der Schein ja seinen Wert behalten, auch wenn er vielleicht etwas unansehnlich geworden war.

Manchmal geht es uns wie diesem 50-EURO-Schein. Wir werden fallen gelassen, man will uns herabsetzen oder erniedrigen oder durch den Schmutz ziehen. Und manchmal machen wir Fehler, die uns zusetzen, oder es sind Umstände, die uns bedrängen und die wir nicht verhindern konnten.

Was auch immer jedoch geschieht, wir verlieren nie unseren Wert als Mensch. Solange wir uns selbst nicht fallen lassen, indem wir an unserem Wert zweifeln, so lange kann nichts und niemand uns etwas anhaben.

5. Die Selbstliebe

Sie ahnen es vielleicht, ohne Eigenliebe kann es keine Nächstenliebe geben. Selbst die Gebote Gottes fordern uns auf: *»Du sollst deinen Nächsten lieben wie dich selbst!«* Und Tatsache ist, nur der, der gut für sich selbst sorgen kann, kann es auch für andere.

Besonders Frauen stellen ständig zu hohe Anforderungen an sich selbst, gehen an ihre Leistungsgrenze durch *Perfektionismus*, drohen im Strudel täglicher Aufgaben, Verantwortung und Anforderungen unterzugehen und riskieren eher einen totalen Zusammenbruch, als auszusteigen aus der ungesunden Leistungsspirale. Um aber nicht nur störungsfrei zu funktionieren, sondern Mensch zu sein und zu bleiben, ist es erforderlich, mit der eigenen Seele Kontakt zu behalten, nach innen zu horchen und eigenen Bedürfnissen Raum zur Entfaltung zu geben.

Wer sich seines eigenen Wertes nicht bewusst ist, lässt zu viel zu! Und wer sich trotz aller Unzulänglichkeiten nicht lieben, schätzen und achten kann, ist auch nicht in der Lage, andere zu lieben. Allerdings: Vor der Selbstliebe, die nicht mit Narzissmus verwechselt werden sollte, liegt der harte Weg der *Selbsterkenntnis.* Nur wer weiß, was er kann und wo seine Schwächen liegen, was er vom Leben erwartet und vom Partner, was wichtig ist und worauf er verzichten kann, kann eine liebevolle Beziehung zu sich selbst entwickeln.

Alle Menschen wollen von anderen anerkannt, gemocht und geschätzt werden. Aber solange wir uns selbst nicht lieben, achten und respektieren, können wir wohl kaum erwarten, dass andere uns lieben, schätzen und achten. Deshalb werden Menschen, die sich selbst nicht besonders achten oder lieben, auch häufiger von anderen gekränkt.

In zahlreichen Seminaren zum Thema *»Was kränkt, macht krank – Erste Hilfe bei Kränkungen«* habe ich festgestellt, dass die meisten Menschen sich nicht wirklich akzeptieren und lieben. Viele von ihnen haben sich lange nur um andere gesorgt, haben irgendwann aufgehört, sich selbst zu achten und zu lieben, und haben sich sträflich vernachlässigt. Selbstzweifel, Abwertung der eigenen Person, Minderwertigkeitskomplexe, diffuse Schuldgefühle und eine tief verwurzelte Gewissheit von *»Ich bin irgendwie nicht gut genug«*, zeigen einen tiefen Mangel an Herzenswärme für sich selbst.

Diese Gefühle entstehen in der Kindheit und überschatten unerkannt oft unser ganzes Leben.

Vielleicht ist es für Sie hilfreich, sich einmal folgende Fragen in einer stillen Stunde zu beantworten:

- Habe ich mir in meinem bisherigen Leben genug Liebe, Fürsorge und Respekt zukommen lassen oder waren immer nur die Bedürfnisse anderer wichtig?
- Habe ich mich selbst unter Druck gesetzt durch übertriebenen Perfektionismus, negative Gedanken, Zweifel und Ängste?
- Habe ich bisher Wut, Hass, Angst und Trauer »heruntergeschluckt«, um akzeptiert zu werden?
- Habe ich mich ausnutzen, demütigen, manipulieren, mobben oder terrorisieren lassen?
- Verzichte ich bei Konflikten darauf, meine eigene Meinung zu sagen, weil ich Angst vor Auseinandersetzungen habe?
- Verfüge ich über Strategien, Stress abzubauen, oder »sammle« ich den Stress so lange, bis das Fass überläuft?
- Sind meine freundschaftlichen und familiären Beziehungen in Ordnung oder werde ich gerade dort zu oft gekränkt?

Bei der Auseinandersetzung mit diesen Fragen geht es darum, zu der Erkenntnis zu kommen, dass jeder, der seinen eigenen Wert nicht kennt, nicht konsequent genug Selbstschutz praktiziert und sich abgrenzt. Aber – egal, wie es bisher war – jeder kann jederzeit einen neuen Kurs steuern, die Opferrolle aufgeben, anderen Grenzen setzen, selbst konsequent für deren Einhaltung sorgen und damit Verantwortung für sich selbst übernehmen.

Das Zauberwort, das alles ändert, heißt »Selbstliebe«.

Selbstliebe bedeutet nicht, übertrieben egoistisch zu sein, sondern ein Gefühl für den eigenen Wert und ein gesundes Selbstvertrauen zu entwickeln. Sich selbst zu lieben, bedeutet: großzügiger zu sein im Umgang mit sich selbst, Missbrauch und Manipulation durch andere zu unterbinden und die Opferrolle aufzugeben. *Wer sich selbst liebt, achtet auf seinen Körper und auf seine Seele.* Wer sich selbst liebt, wartet nicht, bis jemand kommt und ihn »rettet«, sondern entfaltet selbst Initiative und sagt sich: *»Ich habe die Möglichkeit, mein Leben zum Besseren zu verändern. Ich bin der Regisseur im eigenen Lebensfilm! Ich rette mich selbst!«* Seelische Schmerzen werden wohl kaum durch andere beendet, sondern nur durch uns selbst. Jeder von uns hat die Kraft, sein Leben zum Besseren zu verändern, auch wenn wir uns momentan schwach, hilflos und ausgeliefert fühlen. Wie bedrückend die jeweiligen Lebensumstände auch sein mögen, wir können immer etwas tun, um eine Änderung zum Besseren herbeizuführen. *Der erste Schritt dazu heißt: sich selbst zu lieben!*

Wenn ich mich liebe, bringe ich mir Achtung und Respekt entgegen, nehme meine Bedürfnisse ernst, höre auf die Sprache meines Körpers und verdränge weder Gefühle noch Probleme. Ich setze vernünftige Grenzen, quäle mich nicht unnötig mit negativen Gedanken und muss andere nicht zwanghaft kontrollieren, um mein Selbstwertgefühl aufzupolieren. Ich lasse selbstschädigende Gewohnheiten los und entwickle die Einstellung: *»Ich bin es mir wert!«*

Am stärksten zeigt sich das Ausmaß unserer Selbstliebe beim Umgang mit anderen. Fragen Sie sich deshalb, ob der Kontakt mit einem bestimmten Menschen wirklich förderlich ist oder ob Sie ausgenutzt, vernachlässigt, geringschätzig behandelt oder ignoriert werden. Manchmal leiden wir unter einer Beziehung seelisch und körperlich extrem stark und können trotzdem nicht loslassen. Wenn wir uns selbst mehr lieben, verschwinden diese zerstörerischen Beziehungen aus unserem Leben. *Wir wissen dann, dass wir das Beste verdienen, und erlauben anderen nicht mehr, uns immer weiter zu kränken.*

Einer der wichtigsten Schritte zur Selbstliebe besteht darin, sich alten Schmerzen zu stellen, damit Blockaden und *negative Gefühle* nicht unser Leben überschatten und uns Lebensenergie und Lebensfreude rauben. Dazu beginnen wir mit der Überprüfung der eigenen *Gedanken*, denn was wir denken, beeinflusst das Wohlbefinden, die Beziehung zu anderen Menschen und auch unsere Gesundheit. Es scheint unglaublich, dass unser tägliches Denken solche Macht hat. Gedanken sind Kräfte, die immer aktiv sind. Sie beeinflussen unser Denken, Fühlen und Handeln und können uns aus dem seelischen Gleichgewicht bringen. Insofern entscheiden sie letztlich über unser Glück oder Unglück.

Wenn es auch wichtig ist, über die Macht der Gedanken in unserem Leben Bescheid zu wissen, heißt das nicht, dass es sinnvoll wäre, *zwanghaft* positiv zu denken, denn damit werden oft wichtige Gefühle verdrängt.

Es gibt einen Zusammenhang, der diese Wirkung der Gedanken auf den Körper erklärt: Ein Gedanke erzeugt ein Gefühl. Und dieses Gefühl wirkt direkt auf das Immunsystem und die einzelnen Organe. Vielleicht haben Sie selbst manchmal instinktiv folgende Ausdrücke verwendet:

»Der Ärger hat mir auf den Magen geschlagen«, »Das ist mir an die Nieren gegangen«, oder *»Das hat mir das Herz gebrochen!«*

(siehe Teil 1, Kapitel 4: »Psychosomatische Folgen nicht verarbeiteter Kränkungen«)

Wenn Sie beginnen, sich mehr zu lieben, wissen Sie instinktiv, dass alte, nicht verarbeitete Schmerzen eine zerstörerische Wirkung auf Ihr Leben haben. Jede Verletzung aus der Vergangenheit, die als »Leiche im Keller« liegt, kann daran schuld sein, dass Partnerschaften nicht funktionieren, das Berufsleben unbefriedigend ist und Dauergroll das psychische Klima vergiftet.

Denn ungelöste Probleme und verdrängte Gefühle sind Dauerstress für Seele und Körper.

Als Fortgeschrittener in Sachen Selbstliebe werden Sie daher ein brennendes Interesse daran entwickeln, diese Leichen hervorzuholen und sie im Licht des Tages zu betrachten. Vielleicht ist es nötig, sich jahrelang unterdrückten Hass einzugestehen, furchtbare Ängste zuzulassen und so Möglichkeiten zu einer positiven Veränderung zu schaffen. Erst wenn ich »ja« sage zu meinen seelischen Wunden und den dazugehörigen Schmerz akzeptiere, bin ich frei.

Vergessen Sie nie: *Sie* bestimmen, was Sie über eine Sache denken. Das berühmte Glas Wasser ist immer entweder halb voll oder halb leer. Es kommt darauf an, wofür Sie sich entscheiden. Früher haben vielleicht Ihre Eltern festgelegt, wie oder was Sie zu denken haben. Heute sind Sie der Herr/die Frau im eigenen Haus. Und *Sie* prüfen, ob gewisse Gedanken für Ihr jetziges Leben noch förderlich sind oder nicht. Und von Zeit zu Zeit kann es sein, dass man sich von veralteten, überholten Überzeugungen verabschieden muss.

Fühlen Sie sich als Opfer? Dann sollten Sie sich nicht wundern, dass Ihre Vorstellung Wirklichkeit wird. Wenn Sie gewohnheitsmäßig negativ denken, werden Sie geheimnisvollerweise auch viele entsprechende Erfahrungen machen. Demgegenüber erzeugen positive Gedanken mit einiger Übung auch positive Ergebnisse.

Betrachten Sie auch ganz ehrlich Ihre *Gefühlswelt*. Jedes Gefühl, das Sie haben, hat immer seine Berechtigung, auch wenn andere das nicht nachvollziehen können. Wenn Sie in einer bestimmten Situation ängstlich sind, verletzt oder böse, hat das immer mit Ihrer persönlichen Lebensgeschichte zu tun.

Stellen Sie sich dann folgende Fragen:

»Warum fühle ich mich in Gegenwart dieses Menschen unsicher? Warum macht mich die gleiche Situation immer wieder wütend? Warum fühle ich Angst, wenn ich etwas Bestimmtes bewältigen soll?«

Der richtige Umgang mit negativen Gefühlen wie Zorn, Aggression und Hass ist folgender: Ich gestatte mir, dass ich in dieser Situation verdammt wütend bin. Das heißt aber nicht, dass es morgen noch so ist. Damit stehen Sie zu Ihrer seelischen Realität, schlucken nichts hinunter und lassen sich einen positiven Ausgang offen.

Gefühle sind Frühwarnsysteme und Wegweiser zum Unterbewusstsein, wo alles gespeichert ist, was wir je erlebt haben – Freude, Schmerz, Konflikte, alte Verletzungen. Bewusst haben wir es vergessen, doch die unerledigten Dinge in unserem Unterbewusstsein lenken auch heute noch viele unserer Handlungen. So kann jedes aktuelle Gefühl uns helfen, seelische Verknotungen der Vergangenheit ein Stück weiter zu entwirren. Damit fühlen wir uns entlastet und haben mehr Energie und Lebensfreude.

Es ist ein echter Akt der Selbstliebe, sich mit den eigenen Gedanken und Gefühlen auseinanderzusetzen. Wir lernen dadurch, uns immer besser selbst zu verstehen und werden mit der Zeit unser bester Freund.

Wenn Sie wissen wollen, wie es mit Ihrer Selbstliebe oder Selbstakzeptanz bestellt ist, dann stellen Sie sich nackt vor den Spiegel und sagen sie: *»Ich finde mich schön und mag mich!«* Den meisten Menschen wird das kaum gelingen. Zuerst müssen 10 Kilo verschwinden, die Nase muss korrigiert, die Oberschenkel abgesaugt und die herabfallende Lidfalte gerichtet werden. Das alles resultiert aus Minderwertigkeitskomplexen und aus der Wahrnehmung:

»Ich bin so, wie ich bin, nicht gut genug!« Schuld daran sind oft die Erwartungshaltung der Eltern und unbedachte Kommentare, die sich vor allem bei Mädchen gern ein Leben lang festsetzen.

Wenn Sie große Probleme damit haben, Minderwertigkeitsgefühle abzulegen, scheuen Sie sich nicht, Hilfe zu suchen. Sie beweisen damit ein großes Maß an Selbstliebe. Es kann sehr wehtun, alte Muster zu bearbeiten und sich Schmerzen der Vergangenheit zu stellen. Und es kann unglaublich tröstlich und entlastend sein, dabei Hilfe zu bekommen. Vielleicht schaffen Sie es danach, sich täglich etwas mehr zu lieben und das Lebensmotto zu leben: *»Gönne dich dir selbst und sei dir selbst gut!«*

Zusammenfassung: **Eigenliebe hat etwas mit Selbstwert zu tun!**

- Ich bin kein Opfer. Ich übernehme ab jetzt für mich die Verantwortung. Ich bin es mir wert, gut zu mir selbst zu sein und mich zu schützen.

- Ich weiß, dass ich das, was mir nicht gefällt, verändern kann. Das bietet mir Gestaltungsspielraum. Der erste Schritt zu Veränderungen heißt: *Ich muss mich zunächst selbst bejahen und lieben.*

- Wenn ich mich liebe, bringe ich mir *Wertschätzung, Achtung* und *Respekt* entgegen, nehme meine *Bedürfnisse* ernst, höre auf die Sprache meines Körpers und verdränge weder Gefühle noch Probleme. Ich setze vernünftige *Grenzen* und quäle mich nicht unnötig mit negativen Gedanken. Ich lasse überholte Überzeugungen und schädigende Gewohnheiten los und lebe die Einstellung: *»Was ich fühle, denke und sage, zählt. Ich bin wichtig!«*

- Mein Ziel ist es: In jeder Situation in der Lage zu sein, Gefühle zu zeigen, Wünsche zu äußern und Forderungen zu stellen, mich gegen (Über)forderungen zu wehren, aufgeschlossen, kontaktfähig und selbstbewusst zu sein, Lob freudig anzunehmen und anderen Komplimente zu machen.

Sich selbst lieben[14]

Du hast das Recht, dich selbst zu lieben.
Du darfst bei dir sein,
dich bei dir wohl fühlen,
dich entdecken und kennen lernen,
wie man einen geliebten Menschen kennen lernt.

Nichts wird dir so helfen,
andere zu lieben,
wie die Liebe zu dir selbst.
Darum ist jede Handlung
der Liebe zu dir selbst
eine Tat, die dich näher zum anderen führt.

Es ist wichtig,
dass du Zeit für dich hast.
Liebe braucht Zeit.
Wo die Zeit fehlt,
tritt die Vernachlässigung ein,
und wenn du dich vernachlässigst,
verlierst du dich,
und wenn du dich verlierst,
verlierst du die Fähigkeit,
andere zu lieben.

Wenn die Liebe wächst,
wächst auch die Phantasie.

Du wirst neue Ideen entwickeln,
wer du eigentlich bist
oder wer du sein willst.

Du wirst Welten in dir entdecken,
die du in Phantasiereisen erobern kannst.
Du wirst deinen Reichtum spüren
und dein Potential freisetzen.

Je besser du dich kennen lernst,
desto schöpferischer wirst du deine Liebe
zu dir selbst gestalten.
Sie wird Form gewinnen und dich dadurch befähigen,
deine Liebe zu anderen kreativer zu gestalten.

Aber es wird nicht immer leicht sein,
dich selbst zu lieben.
Du wirst auch die Abgründe in dir deutlicher sehen,
vor ihnen zurückschrecken,
sie ablehnen und meinen,
dass sie nicht zu dir gehören.

Aber auch das bist du,
auch das musst du aufnehmen in deine Person,
in dein aktives Leben.
Es gehört auch zu dir.
Nur wenn du diese Seiten in dir annimmst,
in ihrer Tiefe verstehst
und mit ihnen gestaltend umgehst,
nur dann wirst du diese Seiten
in anderen auch annehmen können.

Darum ist es eine Vorbereitung
deiner Liebe zu anderen.

Nur der Mensch, der sich lieben darf,
wird sich selbst nicht verwöhnen.
Verwöhnung deutet Mangel an.
Egoistisch ist der Mensch,
der nichts hat und darum versucht,
alles an sich zu reißen,
und dabei immer weniger hat.

Wer sich liebt, wird sich verschenken
und dabei reicher werden.

6. Das Erkennen des »wunden Punktes«

Anlässe für Verletzungen gibt es viele. Da tröstet es kaum, dass die andern es wahrscheinlich gar nicht böse gemeint haben. Aber was steckt hinter der *Über-Empfindlichkeit?*

Was uns kränkt, verrät viel über unsere Achillesfersen. Das sind jene Bereiche, in denen unser Selbstwertgefühl beschädigt ist, in denen wir uns unsicher, schwach und verletzlich fühlen. Die Folge: überhöhte Erwartungen. Ich möchte dann, dass meine Mitmenschen meinen *»wunden Punkt«* vorsichtig umschiffen. Kein Wunder, dass diese Hoffnung immer wieder enttäuscht wird, denn dazu müssten sie ihn erst einmal kennen.

Wer schnell gekränkt ist, macht sich das Leben unnötig schwer.

Gelegenheiten, einschnappen zu können, gibt es zuhauf: Ihre Kinder sind schnippisch und frech, Ihr Ehemann fordernd und herablassend, Ihre Eltern sind undankbar und nörgelig, obwohl Sie alles für sie tun, Ihre Schwester macht Ihnen ungerechte Vorwürfe, Ihr Patenkind bedankt sich nicht für das Geschenk zum Geburtstag und die Mühe, die Sie sich damit gemacht haben, und Ihr Chef würdigt Ihre Umsicht nicht.

Was kann man tun, um vor Ärger und Kränkung nicht krank zu werden? Was kann ich tun, damit niemand meine hoch sensiblen Punkte berühren kann?

Jeder Mensch muss damit rechnen, dass andere, ohne es zu wissen oder zu beabsichtigen, durch unbedachte Bemerkungen seinen »wunden Punkt« treffen können, wodurch alte Selbstzweifel aufbrechen. Es geht darum, Kränkungen zu beherrschen und zu verhindern, aus dem Lot zu geraten.

Häufiges Gekränktsein kann zur großen Belastung werden, für den, der superempfindlich reagiert, und für seine Umgebung, die wenig Lust hat, jedes Wort auf die Goldwaage zu legen. Dabei gibt es durchaus die Möglichkeit, eigene Überempfindlichkeiten abzubauen, um anderen nicht mehr schutzlos ausgeliefert zu sein. *Jeder hat die Möglichkeit, sich einen seelischen Airbag zuzulegen und sein »seelisches Immunsystem« zu stärken.* Es gibt Abwehrreaktionen, die Ihnen helfen, nicht regelmäßig auf Angriffe »beleidigt« zu reagieren. Solche Abwehrreaktionen setzen voraus, dass uns unser »wunder Punkt« bekannt und bewusst ist und wir uns mit »alten Baustellen« auseinandergesetzt haben.

Zur Unterstützung gibt es Seminare.[15]

In diesen wird analysiert, wann eine bestimmte Person die Fassung verliert oder ständig dieselben ärgerlichen Fehler macht. Danach ergründet man die Ursachen, d. h., man dringt zu den Verwundungen in der Vergangenheit vor. Über diese Bewusstmachung wird dann versucht, eine Verhaltensänderung zu trainieren.

Gelingt sie nicht, haben Sie immer noch die Möglichkeit, Ihre Mitmenschen ausdrücklich auf Ihren »wunden Punkt« hinzuweisen. Gestehen Sie Ihre Empfindlichkeit ein und Ihre Freunde werden es sich nun genauer überlegen, ob sie Sie noch einmal als Zielscheibe ihres Spottes auswählen.

Erst wenn die die alten Wunden geschlossen sind, hören die »wunden Punkte« auf, uns zu schmerzen, wenn sie von anderen berührt werden. Das heißt nicht, dass wir gar nicht mehr gekränkt werden können, sondern dass der »wunde Punkt« seine besondere Bedeutung verloren hat. Wird er nun angegriffen, können wir souverän mit einer Abwehrreaktion antworten wie gegen jede andere Kränkung auch (siehe Teil 3, Kapitel 1: »Das Verhalten in der Konfliktsituation«).

Der eine mag sich selbst nicht, der andere verzeiht es sich nie, kein Abitur gemacht zu haben, oder leidet nach wie vor darunter, dass sein Bruder von den Eltern vorgezogen wurde. Wir alle haben unsere *»seelischen Problemzonen«*, die uns das Leben schwer machen und verhindern, unbeschwert glücklich und zufrieden sein zu können, weil wir es nicht gelernt haben, für uns selbst die Verantwortung zu übernehmen. Oft lassen wir unsere Umgebung bestimmen, was für uns gut und richtig ist, übernehmen Normen und Verhaltensweisen, an denen wir uns ängstlich ausrichten. Um sich auf sich selbst einzulassen, mehr über sich selbst zu erfahren, Ängste und Blockaden sowie individuelle seelische Problemzonen zu erkennen und zu überwinden, ist die Akzeptanz eigener Stärken und Schwächen Voraussetzung.

Es gibt verschiedene Möglichkeiten, dem »wunden Punkt« auf die Spur zu kommen. Therapie oder Seelsorge schlagen nicht mit dem Hammer zu, sondern erinnern uns immer wieder an unsere Schwachstellen, decken Dinge auf, für die wir einfach blind sind.

Dass dieser Angriff auf unser Selbstbild und das Aufdecken unserer Schwächen schmerzhaft sein und traurig machen können, haben wir alle schon mehrfach selbst erfahren.

Meistens sind es aber nicht Seelsorger oder Therapeuten, die an unseren »wunden Punkten« kratzen. Es kann der Ehepartner sein, der uns an unseren »wunden Punkt« erinnert, oder der Chef, dessen konstruktive Kritik uns weiterhilft. In solchen Situationen sollten wir uns fragen: Bin ich kritik- und korrekturfähig? Kann ich Kritik anhören und aushalten? Bin ich fähig, Rat anzunehmen, mir etwas sagen, mir helfen und mich korrigieren zu lassen? Und wenn wir davon ausgehen, dass Persönlichkeitsentwicklung in unserem Leben eigentlich niemals aufhört, dann brauchen wir immer wieder hilfreiche Korrektur.

7. Kein Blick zurück im Zorn – Verzeihen ist Stärke

Unser Verhalten und unsere Art zu leben werden durch *»unerledigte Geschäfte«* beeinflusst. Unerledigte Geschäfte sind Rechnungen, die noch offen sind, Probleme und Aufgaben, die in der Vergangenheit nicht erfolgreich gelöst werden konnten. Es ist all das, was man sich im Alltag vornimmt, aber aus irgendeinem Grund doch nicht tut, nicht sagt und auf später verschiebt.

Erwiesen ist, dass »unerledigte Geschäfte« unsere Lebensenergie hemmen und sich insofern auf unser aktuelles Leben und Erleben auswirken. Therapien können helfen, sich dieser dem Bewusstsein oft nicht zugänglichen Erfahrungen zu erinnern und sie dann positiv zu verarbeiten. Je mehr sich »unerledigte Geschäfte« im Leben häufen, desto eingeschränkter ist der innere Lebensraum der Betroffenen.

Beispiel:
Man wollte doch immer noch einmal mit ihr reden, sie nach unerinnerbaren Kindheitstagen fragen, für ein Unrecht um Verzeihung bitten oder ihr ein solches vergeben: Nun ist sie tot, die Mutter, und es bleibt ungesagt und unabgeschlossen für den, der weiterlebt. Aber auch unausgeräumte Schreibtische beim Ausscheiden aus dem Dienst und ungeklärte Konflikte mit Partnern oder Kollegen sind solche »unerledigten Geschäfte«.

So verständlich es ist, Unangenehmes zu vermeiden oder aufzuschieben, so hoch ist der Preis dafür, denn Unerledigtes zieht immer wieder unsere Aufmerksamkeit auf sich und bindet unsere Energien, die wir dann nicht voll verfügbar haben für Neues. Je mehr sich an unerledigten Problemstellungen anhäuft, je eingeschränkter ist unser innerer Lebensraum, in dem – wie auf einer Bühne – nicht abgeräumte Requisiten aus einem alten Stück störend herumstehen.

Während einer Fortbildung erzählte ein Pfarrer folgende Geschichte: Er war auf der Suche nach einer guten Empfehlung für eine Hochzeitspredigt. Er fragte eine alte Frau, der er zufällig auf einem Spaziergang begegnete, was ihr dazu spontan einfalle. Ohne lange zu überlegen, antwortete sie:

»Sagen Sie ihnen einfach, sie sollen sich immer wieder verzeihen!«

In der ersten Lebenshälfte schaffen wir Erinnerungen, in der zweiten versuchen wir, sie zu vergessen. Wenn wir an Gedächtnis denken, dann denken wir vor allem an die Fähigkeit, sich zu erinnern, ein Gedächtnis, besonders natürlich ein gutes, wird mit Erinnerung identifiziert. Üblicherweise gilt vergessen als Unglück und Vergesslichkeit als Defizit oder als Degenerationserscheinung. Wer alles vergisst, ist »verkalkt«. Wer über ein hervorragendes Gedächtnis verfügt, der wird beneidet, weil er über einen in vieler Hinsicht kostbaren Schatz verfügt. Andererseits kann man aber auch erleben, wie außerordentlich schmerzlich das Sich-erinnern-Müssen sein kann. Man blickt dann eben ständig zurück, was zu einer schweren Behinderung beim Vorwärtsgehen führen kann.

Für ein seelisch gesundes Überleben ist ein ausreichendes Maß an Ignoranz, Vermeidung oder Vergessen notwendig. Aber: Die Anerkennung von Schuld ist eine Voraussetzung für die Vergebung, für das Vergessen der Vergangenheit durch diejenigen, die unmittelbar betroffen waren. Vergeben setzt vergessen nicht voraus. Im Gegenteil: Vergebung setzt voraus, dass wir uns an die Tat erinnern, die wir vergeben.

Sterbende waren für Elisabeth Kübler-Ross die wichtigsten Lehrer für ein sinnvolles und intensives Leben. Von ihnen lernte sie, wie belastend »unerledigte Geschäfte« für das Leben sind.

7.1. Folgen unterlassener Verzeihung

Menschen kränken einander, verletzen die Gefühle anderer. Wie aber kann man verhindern, von seinen Gefühlen, seien es Wut, Hass, Schmerz oder tiefe Verunsicherung, dauerhaft belastet, womöglich »aufgefressen« zu werden? Welche Schritte sind notwendig, damit Verzeihen möglich ist? Warum fällt uns vergeben oft so schwer, vor allem bei Menschen, die uns nahe stehen? Welche Folgen hat eine unterlassene Verzeihung?

Ein Fallbeispiel:
Olaf ist von seinen Eltern sehr enttäuscht. Sie haben aus ihm zwar einen »besonderen Menschen« gemacht, sensibel und warmherzig. Aber mit seiner Berufswahl, Sozialpädagoge zu werden, waren sie nie einverstanden und haben es ihn auch spüren lassen, dass er nicht der gesellschaftlich erfolgreiche Vorzeigesohn ist, den seine Eltern sich gewünscht hatten. Olaf kränkt das, weil er es als ungerecht empfindet, denn seine Eltern erzogen ihn zu dem Menschen, der er heute ist. Im Laufe der Jahre hat er sich zwar Selbstbewusstsein erarbeitet. Verziehen hat er seinen Eltern aber bis heute nicht.

Olaf fühlt sich eigentlich nicht wohl mit dem Aufrechterhalten seines Grolls gegen seine Eltern und er spürt auch, dass sein Groll positive Energien bindet. Aber er muss das Erlittene seinen Eltern heimzahlen und setzt seine Unversöhnlichkeit als Machtmittel ein, mit dem er seine Eltern bestrafen kann für die ihm zugefügten Kränkungen. Er entscheidet sich dafür, sich als ständig ungerecht behandeltes Opfer zu fühlen, dem Böses angetan wurde und das selbst keine Verantwortung trägt. Jetzt sitzt er am längeren Hebel! Aber bei allem übersieht er, dass, wer nicht verzeiht, im »Täter-Opfer-Denken« erstarrt, und verkennt dabei, dass der Verletzende auch positive Seiten besitzt.

Zum Verzeihen gehört der Abschied von der Opferrolle. Olaf muss erkennen, dass zu Kränkungen immer zwei gehören. Für ihn bedeutet das: Ich habe es zugelassen, dass man mich verletzt. Diese Erkenntnis ermöglicht eine objektivere Sicht der Dinge mit einem wichtigen Vorteil: Indem Olaf erkennt, dass er mitverantwortlich ist, muss er nicht mehr auf das Eingeständnis der Schuld seiner Eltern warten. Er macht sich dadurch innerlich unabhängig und frei.

Olaf ist der Gedanke, dass auch er für das, was passiert ist, Verantwortung trägt, zunächst abwegig und fremd. Welche Verantwortung soll er denn dafür tragen, dass seine Eltern mit dem, was sie auch ihm gemacht haben, nicht zufrieden sind? Nachdem Olaf auch als Sozialpädagoge Erfolge vorzuweisen hatte und die Vorurteile seiner Eltern widerlegte, gewann er Ich-Stärke und Selbstbewusstsein. Seinen Eltern ist vermutlich nie klar geworden, was sie bewirkt haben, und deshalb entschuldigten sie sich auch nie für ihre damaligen Vorbehalte gegen die Berufswahl ihres Sohnes und auch nicht dafür, dass sie ihren Sohn damit in Frage gestellt und verunsichert haben. Im Gegenteil, sie rechtfertigen sich immer damit, dass sie nur das Beste für ihren Sohn gewollt haben.

Verzeihen erfordert im Fall Olaf kein Schuldeingeständnis seiner Eltern. Vielmehr könnte sein Verständnis für seine Eltern, die ein völlig anderes Weltbild und andere Wertevorstellungen hatten, der Schlüssel zur Versöhnung sein. Sollte Olaf allerdings auf einem Schuldeingeständnis seiner Eltern bestehen, bewirkt er damit eher das Gegenteil. Er baut dadurch unnötige Hürden auf. Der Verzicht auf Gefühle wie Hass, Bitterkeit, Groll und Wut könnten Olafs verletzte Gefühle entlasten. Nebenbei könnte er sich unabhängig machen gegenüber seinen Eltern, die ihn – womöglich sogar unbewusst – verletzt haben. Mit Großmut gegenüber seinen Eltern könnte er auch sich selbst etwas Gutes tun, indem er blockierende negative Energien in positive verwandelt und seinem Leben mehr Lebensfreude zuführt. *Entscheidend für diesen Schritt ist der Wille zur Vergebung. Manche Menschen wollen das aber gar nicht, weil ihnen durch den Entzug des Feindbildes ihr Lebensinhalt und die Grundlage, grollen zu können, entzogen würde.*

»Die Zeit heilt alle Wunden«, sagt ein Sprichwort. Doch das stimmt nicht immer. Wer Kränkungen und Verletzungen verdrängt, schafft die Grundlage für körperliche Erkrankungen. *Wer Kränkungen nicht verarbeitet, wird krank.*

Viele Menschen können erlittene Verletzungen weder vergessen noch verzeihen. Sie denken über Jahre hinweg verbittert und unversöhnlich an eine erlittene Verletzung, pflegen die Erinnerung daran und meinen, dies sei ein Zeichen von seelischer Stärke und Charakterfestigkeit. Dass sie mit dieser Haltung ihren Alltag und ihre Gesundheit vergiften, hat der Psychologie-Professor und Psychotherapeut Reinhard Tausch[16] in empirischen Studien belegen können.

Vielfach erlebe ich Seminarteilnehmer/innen, die ihr Schicksal mit ihren eigenen Eltern beklagen: »*Die kriegen schon noch ihre Rechnung präsentiert, denen zahle ich es heim, was sie mir angetan haben!*« Wer mit einer so starren, unversöhnlichen Haltung durchs Leben geht, kann seines Lebens nicht mehr froh werden, denn das Aufrechterhalten eines Feindbildes vergiftet die Gefühle, weil man fühlt, was man denkt.

Besonders schmerzlich ist auch für Eltern ein jahrelanges Zerwürfnis zwischen Eltern und Kindern. Dies kann das Alter und den Abschied schwer belasten. Das kann ich aus verschiedenen Sterbebegleitungen bestätigen: Eine ältere Frau lag seit Wochen im Hospiz, bereit zu sterben, aber sie konnte einfach nicht gehen, weil sie ein ungelöstes Mutter-Tochter-Problem hatte, das sie seelisch unwahrscheinlich plagte. Die Tochter zeigte sich unversöhnlich und obwohl sie wusste, dass ihre Mutter todkrank war und ihre Zeit bald vorbei sein würde, reiste sie für längere Zeit nach Amerika, ohne zuvor von ihr Abschied zu nehmen. Sie blieb für jeden unerreichbar. In dieser Begleitung habe ich erfahren, dass es das Schlimmste ist, von dieser Welt im Unfrieden abtreten zu müssen, ohne den Menschen verzeihen zu können, denen man Unrecht zugefügt hat oder umgekehrt, die einem selbst Unrecht getan haben.

In einem Trauerseminar begegnete ich einem Mann, der seine Frau durch Krebs verloren hatte. Er hatte aber noch eine andere Trauer auf seiner Seele: » *Ich habe seit vielen Jahren keinen Kontakt mehr zu unserem Sohn. Er will von mir nichts mehr wissen. Je älter ich werde, umso mehr bedrückt mich diese Entfremdung. Ich möchte, bevor ich sterbe, mich mit ihm versöhnen.«*

Was Gekränkte oft nicht wissen, ist dies: *Groll macht die Seele hart!* Sie können in einen Kreislauf geraten, sich immer wieder selbst zu schädigen, ihr Leben zu deformieren und ihre Lebenszeit unglaublich stressig und negativ zu verbringen. Viel Zeit und viel Energie sind an Kränkungen gebunden und stehen dem übrigen Leben nicht mehr zur Verfügung. Bei lange zurückliegenden schweren Verletzungen bleibt häufig ein tief sitzender Groll zurück, der sich in einer negativen Lebenseinstellung manifestiert.

Wer nicht verzeihen kann, bestraft sich selbst durch das toxische Gift des Grolls: schlaflose Nächte, Magengeschwüre, Herzbeschwerden und andere Symptome quälen. Unverarbeitete Kränkungen können sich sogar in Träumen ein Ventil suchen und damit unsere Seele belasten. *Groll verschwendet die eigene Kraft in Zorn, Rachegedanken, Schmollen, in Hass, Bitterkeit und Wut.* Die Reaktionen: Abbruch von Beziehungen, Liebesentzug, Vorwürfe mildern nicht den Schmerz, den uns ein anderer zugefügt hat.

Eine Kränkung heilt schwer, solange sie nicht verarbeitet und vergeben ist. Sie taucht unter »unerledigt« im Seelenleben immer wieder auf und verhindert eine wirkliche Heilung.

Ich habe viele Menschen als Sterbebegleiterin begleitet, die nicht verzeihen konnten und am Ende unversöhnt starben. Dadurch ist mir klar geworden, was unversöhnliche Menschen sich selbst antun und – dass es für eine Versöhnung irgendwann einmal zu spät sein kann.

7.2. Die Bedeutung der Verzeihung

In der Bibel findet sich das Zitat »*Wer vergibt, dem wird vergeben!*«

Und im »Vater unser« beten wir: »*... und vergib' uns unsere Schuld, wie auch wir vergeben unseren Schuldigern.*«

Verzeihen, vergeben ist demnach nicht nur ein menschlicher, sondern auch ein christlicher Auftrag. Verzeihen ist eine mutige Haltung. Sie zeigt wahre christliche Gesinnung und Charakterstärke. Wir erfahren immer wieder die Vergebung unserer Schuld und sind dadurch auch verpflichtet, anderen die Chance zu einem Neuanfang zu geben.

Die Einsicht, dass wir selbst auch nicht »unfehlbar« und ohne Schuld sind, unterstützt in uns den Mut zum Verzeihen. Wir werden einem anderen Menschen leichter die versöhnliche Hand reichen, wenn uns bewusst wird, worin unser Anteil an einem Zerwürfnis bestand und – dass wir selbst auch nicht immer friedfertig handeln.

Beim Prozess des Verzeihens wird der Gekränkte aktiv: Er befreit sich aus der Opferrolle und ist innerlich nicht mehr gebunden an den Menschen, der ihm Schlimmes zugefügt hat. Er kann sich dem Leben wieder unbelastet zuwenden und gibt negative und belastende Gefühle auf und entlastet sich. Versöhnung befreit von einer Last, die das Leben schwer gemacht hat. *Verzeihen ist demnach der beste Selbstschutz!*

Wer Fehlverhalten verzeihen kann, lebt leichter, mental gesünder, ärgert sich weniger und leidet seltener unter psychosomatischen Störungen. Verzeihen ist ein notwendiger Prozess, um die eigene seelische Balance wieder herzustellen, denn nur, wer sich von seelischen Altlasten befreit, wird frei für neue und positive Erfahrungen.

Sonja E.:
»Bei einer Bandscheibenoperation rutschte das Messer des Operateurs ab und verletzte meinen zentralen Rückennerv. Damals war ich erst 34 Jahre alt. Wahrscheinlich wären die Schäden zu begrenzen gewesen, wenn man mir sofort die Wahrheit gesagt hätte. Ich wartete auf Besserung, vergeblich. Als ich ein Jahr später durch einen Zufall erfuhr, was bei der Operation geschehen war, war es bereits zu spät: Meine Bandscheibe musste in fünf lebensgefährlichen Eingriffen endgültig versteift werden.

Jahrelang machten mir Zorn und Groll mein Leben bitter. Die Wende kam erst, als ich aus meiner passiven Opferrolle ausstieg und begann, aktiv um Vergebung zu beten. Mir wurde klar, dass ich selbst die Last trage, indem ich anderen etwas nachtrage. Ich begriff, dass ich nur dadurch Entlastung bekommen würde, indem ich Vorwürfe und Wut loslasse. Danach gelang es mir, innerlich Abstand zu gewinnen und neue Kräfte für meinen schwierigen Alltag zu mobilisieren.«

Julia, 56, erzählt:
»Die Beziehung zu meinen Eltern war immer sehr konflikthaft, vielleicht sogar gestört. Ich habe mich deshalb sehr früh von meiner Familie getrennt, um Freiräume zu bekommen, die man mir in der Familie nicht gestattete. Sehr früh, mit erst 21 Jahren, heiratete ich, um der Unterdrückung durch das Elternhaus zu entfliehen. Trotzdem mischten sich meine Eltern permanent in mein Leben ein und boykottierten mit allen Mitteln, dass ich nach meinen Vorstellungen leben konnte. Immer wieder gab es Intrigen und Stress, bis ich nur noch die Möglichkeit sah, die Reißleine zu ziehen, indem ich den Kontakt zu meinen Eltern abbrach, um endlich meine Ruhe vor ihnen zu haben.

Als mein Vater schwer an Krebs erkrankte und sein Ende nahen fühlte, wollte er sich mit mir versöhnen. Ich besuchte ihn auf seinen Wunsch hin im Krankenhaus. Zum ersten Mal in meinem Leben habe ich von ihm ein Eingeständnis eines eigenen Fehlverhal-

tens gehört. Wörtlich sagte er: ›Wie muss man doch erst geläutert und erbärmlich sein, um zu erkennen und sich einzugestehen, was alles falsch war und wie viel Unrecht ich dir angetan habe. Das habe ich nicht gewollt.‹ Niemals hätte ich mit dieser Einsichtsfähigkeit und dem ehrlichen, reuigen Schuldeingeständnis meines Vaters, der sich niemals für irgendetwas entschuldigt hatte, gerechnet. Am Ende war aber gerade das die Voraussetzung dafür, dass ich meinem Vater verzeihen konnte. Kurze Zeit nachdem er mit mir seinen Frieden gemacht hatte, starb er. Auch mich hat die Versöhnung vor seinem Tod entlastet und befreit.«

Das Bewusstsein, dass man sich immer wieder verzeihen muss, damit es weitergehen kann oder damit ein Neuanfang möglich ist, veranlasste mich auch dazu, auf der Hochzeitsanzeige anlässlich meiner zweiten Ehe eine Brücke als Symbol zu wählen mit dem Spruch:

»Die Ehe ist eine Brücke, über die man täglich gehen muss – am besten von beiden Seiten.«

Vielleicht könnte das auch Ihr Leitspruch werden?

7.3. Schwierigkeiten mit dem Verzeihen

Wer psychisch verletzt oder gekränkt wurde, schleppt diese Verletzung mit sich herum und die Frage: Wohin mit meiner Wut, meiner Trauer, meinem Zorn, meinen Rachegefühlen, meinem Groll? Sowohl das Christentum wie auch die derzeitige Psychologie betonen den notwendigen und heilsamen Charakter von Verzeihen und Versöhnung.

Aber wie verzeiht man? Einfach vergessen, nicht mehr dran rühren? Versöhnung kann nicht einfach verordnet werden, sondern ist ein längerer Prozess, der nur *freiwillig* in eigener Verantwortung gegangen werden kann. Versöhnung braucht Zeit, braucht auch Anerkennung des Schmerzes, denn es geht nach einer schwer wiegenden Verletzung auch darum, das eigene innere Gleichgewicht wieder zu finden, das eigene Leben neu auszurichten und dafür Mut und Kraft zu entwickeln.

Der Weg zu Versöhnung und Heilung ist kein bequemer Weg. Der erste Schritt zur Vergebung kostet *Überwindung* und deshalb verschieben wir lieber die Absicht, den ersten Schritt zu tun, auf später. *Den ersten Schritt zu Verzeihung und Versöhnung zu tun fällt schwer.* Doch welch eine Freude könnte dieser Schritt auslösen, der für uns selbst und für andere zu einem neuen Anfang wird, der neue Lebenschancen freisetzt! *Verzeihen wird zu einem Gewinn für alle.* Ohne Versöhnung wird der andere in unserem Urteil festgehalten und wir selber leiden innerlich größte Tortur. Echte, aufrichtige Versöhnung wird alle Seiten befreien und zu einer Wiedergutmachung anspornen.

Doch obwohl wir alle wissen, wie entlastend, befreiend und heilsam es sein kann, anderen zu vergeben, fällt es uns sehr schwer. Oft trägt man Verletzungen lange mit sich herum, igelt sich im eigenen Selbstmitleid ein und zieht sich in die Opferrolle zurück. Der Ärger frisst sich fest, bis er die eigene Psyche blockiert. Vergeben und verzeihen hilft uns stattdessen, uns freier zu fühlen und loszulassen und trotz der Narben auf der Seele neu anzufangen.

Unser Gerechtigkeitsempfinden macht es uns schwer zu verzeihen. Wir fordern Genugtuung für erlittene Verletzungen. Viele von uns unterliegen dem folgenschweren Irrtum, zu glauben, andere dadurch bestrafen zu können, indem wir unsere Verletztheit pflegen und dem anderen unversöhnlich entgegentreten.

Wenn wir schon verzeihen, dann wollen wir zumindest Reue beim anderen erkennen können. Die bittere Erfahrung jedoch ist, dass beim Verursacher der Kränkung meistens auch noch die Einsichtsfähigkeit fehlt. Wie soll eine Versöhnung erfolgen, wenn Unrecht bagatellisiert, geleugnet oder auf andere projiziert wird? Aber den meisten Menschen fällt es eben auch sehr schwer, sich für eine Kränkung zu entschuldigen.

Wenn wir verzeihen, muss es vom Herzen kommen, denn es hilft nicht, Vergebung auszusprechen, im Herzen aber den Groll zu behalten und uns damit eine Hintertür für die Anklage offen zu halten. Wer wirklich vergeben hat, kann auch mit der Erinnerung leben, weil diese durch das Verzeihen ihre schmerzhafte Wirkung verloren hat. Wer von Herzen ehrlich vergeben hat, wird die erlittene Verletzung nie vergessen, aber die Erinnerung daran wird nicht mehr von destruktiven Gefühlen begleitet sein. Eigentlich kommt es beim Verzeihen nur darauf an, dem anderen sein Anderssein verzeihen zu können und sich nicht zur Norm aller Dinge zu machen. Vielleicht überzeugt Sie die Weisheit Karl-Heinrich Waggerls: *»Wer verurteilt, kann irren. Wer verzeiht, irrt nie.«*

7.4. Voraussetzungen für das Verzeihen

Verzeihen setzt eine gut entwickelte *Selbstliebe* voraus. Nur wer sich selbst mit seinen Fehlern und Schwächen annimmt, entwickelt Verständnis für andere und kann vergeben. Und sicher gehören immer Stärke und Mut dazu, denen, die einen verletzt haben, versöhnlich die Hand zum Frieden zu reichen.

Aber in dieser Haltung zeigt sich überzeugende christliche Gesinnung. Wir selbst sind fehlerhaft und fehlbar und fügen anderen, oft ohne es zu merken, Verletzungen zu. Durch unsere eigene Fehlbarkeit sind wir selbst auch immer wieder angewiesen auf Vergebung unserer Schuld und dadurch auch dazu verpflichtet, anderen die Chance zu einem Neuanfang zu geben.

Eine weitere Voraussetzung, verzeihen zu können, ist das *Verständnis* für den anderen.

Ein Beispiel:
Ein Bauer mit einer sperrigen Landmaschine auf dem Anhänger weicht Ihnen aus, soweit er kann. Trotzdem beschädigt er Ihre Autotür. Vergleichen Sie das mal mit dem Gefühl, das in Ihnen aufsteigt, wenn Sie einen Zwölfjährigen dabei ertappen, wie er mutwillig das Auto beschädigt. Der Unterschied wird deutlich. Es geht nicht um die Größe des Unrechts, das uns widerfährt. Es geht vielmehr darum, ob ich verstehen kann, was da passiert ist, oder ob ich es im Extremfall für »reine Bosheit« halte.

Gleiches gilt für alle Verletzungen zwischen Menschen. Deshalb sind wir ja auch oft so bemüht, möglichst schnell eine Erklärung dafür zu liefern, wenn wir uns auf eine Weise verhalten haben, von der wir annehmen, dass sie andere geärgert hat. Wir nennen das ja auch Entschuldigungen, also den Versuch, die Schuld so schnell wie möglich wieder loszuwerden.

Eltern sind geneigt, ihren Kindern gegenüber Verständnis aufzubringen. So hat der unausstehliche Dreijährige halt seine Trotzphase, die weinerliche Fünfjährige wohl Ärger im Kindergarten und die aggressive Große vielleicht Stress in der Schule.

Auch Partnerschaften leben davon, dass beide sich um gegenseitiges Verständnis bemühen, und sie bestehen nur so lange, wie beide das tun. Denn wie Sie wissen, kommt es im Zusammenleben zweier Menschen eben immer wieder zu kleinen und größeren Kränkungen. Und die kann man nur dadurch entschärfen, indem man wohlwollend ist und sich Mühe gibt, verstehen zu wollen.

Je mehr wir verstehen, desto weniger halten wir das, was uns widerfährt, für ein Unrecht, das uns mit böser Absicht zugefügt wurde, und desto näher sind wir an der Vergebung. Aber dieser Weg erfordert auch Arbeit. Ich muss verstehen wollen. Dafür kann ein Perspektivwechsel hilfreich sein: Ich vergleiche eine Kränkung, die mir zugefügt wurde, mit einer entsprechenden, die ich einem anderen Menschen angetan habe. Und das wird Auswirkungen auf meine Beurteilung haben. Diese *Relativierung* setzt voraus – wenigsten in diesem Augenblick –, die eigene Selbstgerechtigkeit überwunden zu haben.

Die meisten Menschen erreichen schnell die Grenzen ihrer Fähigkeit zu verzeihen. Dass das nur an ihnen liegt und nicht an der Art oder Schwere der Kränkung, zeigt uns das Beispiel des 2005 verstorbenen Papstes Johannes Paul II.

Ali Ağca hatte Papst Johannes Paul II. am 13. Mai 1981 mitten auf dem Petersplatz in Rom durch Schüsse schwer verletzt. Der Papst verzieh dem Attentäter bereits auf dem Krankenbett und stattete ihm zwei Jahre nach dem Anschlag einen Aufsehen erregenden Besuch im Gefängnis ab. Er umarmte ihn und sprach mit ihm. Er verzieh dem Menschen, der ihn so schwer verletzt hatte. Ein Beispiel für Nächstenliebe, für Feindesliebe, für Friedenswillen. Johannes Paul II. wollte Versöhnung stiften, wo es irgend ging. Er war Pontifex im wörtlichen Sinne, ein Brückenbauer.

7.5. Gesten des Verzeihens

Die Bereitschaft zum Verzeihen und zur Versöhnung in der Familie soll auch in *äußeren Zeichen und Gesten* zum Ausdruck kommen: die ausgestreckte Hand zum Frieden, der herzhafte Händedruck, die Umarmung, der Kuss, das kleine Geschenk, ein Blumenstrauß, eine Spruchkarte, einige handgeschriebene Zeilen, die Einladung zur Tasse Kaffee oder das Angebot, eine Arbeit jetzt gemeinsam zu tun. Jeder in der Familie kann dies in der Form ausdrücken, die ihm und seinen Möglichkeiten entspricht. Die Worte und Zeichen machen uns deutlich:

- Wir sind angewiesen auf Vergebung.
- Wir bitten um Vergebung.
- Wir sind bereit zu vergeben.
- Wir leiden unter dem Unfrieden,
  unter der gestörten Beziehung.
- Wir wollen gemeinsam neu beginnen.

Wem es schwer fällt zu verzeihen, der möge sich fragen: Was in mir fühlt sich verletzt? Wie hätte ich reagiert, wäre ich an der Stelle des anderen gewesen? Was hat den anderen veranlasst, mich bewusst oder unbewusst zu kränken? Wer darauf ehrliche Antworten findet, ist eher bereit, den ersten Schritt zur Versöhnung zu wagen, ein verzeihendes Wort zu finden, um einen Neuanfang zu versuchen und eine Brücke zu schlagen.

Letzten Endes eröffnet uns eine »Gewissenserforschung« die Chance, zu der Einsicht zu gelangen, dass alles zwei Seiten hat und wir nur die eine Seite der Medaille betrachtet haben. Ein *Perspektivwechsel* vollbringt Wunder und legt die Erkenntnis frei, dass wir vermutlich selbst auch nicht ganz unschuldig am entstandenen Zerwürfnis sind. Dies ist vielleicht der schwierigste Schritt, der Größe, Mut und Ehrlichkeit zu sich selbst und zum anderen voraussetzt.

7.6. Seelenhygiene durch Verzeihen

Menschliches Fehlverhalten ist etwas, mit dem wir täglich in unterschiedlicher Intensität, bewusst oder unbewusst, konfrontiert werden: Missverständnisse, Herabsetzungen, Ungerechtigkeiten, Demütigungen, Verletzungen. Wir werden gekränkt, fühlen uns als ganze Person herabgesetzt, in Frage gestellt, erniedrigt oder verkannt. Wir können dann nicht mehr unterscheiden, ob etwa eine Kritik berechtigt oder bösartig ist. Wir fühlen uns eingekesselt. Dann können wir zurückgeworfen sein auf alte, tiefe Verletzungen, die wir in uns tragen. Vielleicht wird mal wieder unser »wunder Punkt« getroffen? Die Folge ist Rückzug, Unversöhnlichkeit, Bitternis, Groll, schlimmstenfalls sogar Rache und Hass.

Elmar T., 45:
»Ich habe es in meiner Familie erlebt: einmal Feind – immer Feind. Es sind wohl nachtragende Menschen, die aufgrund ihrer Ressentiments in speziellen Fällen nicht mit Toleranz oder gar Einfühlungsvermögen und Verständnis – und überhaupt nicht mit Verzeihen umgehen (wollen oder können). Für den angeblichen Feind, mag er sich nun in der Vergangenheit etwas haben zuschulden kommen lassen oder nicht, ist so ein Mensch deprimierend, wenn er irgendwann später ein Arrangement treffen möchte. Manchmal kommt ein solches zustande. Dann aber muss der Bittsteller mit verächtlicher Herablassung und häufig kritischen Bemerkungen rechnen.«

Es ist ungesund, nachtragend zu sein. Forschungsergebnisse der Stanford-Universität beweisen: Solange Sie jemandem etwas nachtragen, ist nicht der andere das wahre Opfer, sondern Sie sind es selbst! Solange Sie sich auf Ihre seelischen Verletzungen konzentrieren, geben Sie dem Menschen, der Sie verletzt hat, erhebliche

Macht über Sie. *Die Dauerqual, verletzt zu sein, macht Seele und Körper krank.*

Verzeihen dagegen hilft, fanden die Forscher heraus. Dabei ist nicht einmal eine persönliche Versöhnung notwendig. *Es kommt vielmehr darauf an, dass Sie Ballast abwerfen.* Es geht nicht darum, die Verletzung stillschweigend hinzunehmen, sondern sie als eine neue Lebenserfahrung zu verbuchen.

Wer nicht verzeihen kann, straft sich selbst, denn dass Ärger und ungelöste Probleme krank machen können, ist bekannt. Jegliches Hadern ist der Nährboden für Krankheit. Hadern ist Gift, Loslassen und Verzeihen dagegen bedeuten Erlösung. Es sind nicht die anderen, die etwas tun müssen – ich selbst kann und muss diesbezüglich in Bewegung kommen. Gerade Menschen, denen man in der Kindheit großes Unrecht zugefügt hat, beharren auf ihrem Groll. Natürlich haben sie ein Recht darauf zu grollen. Wollen sie jedoch einen Weg aus dem Kranksein finden, so müssen sie lernen, loszulassen und zu verzeihen.

Und jeder kennt das Gefühl der Befreiung und Erleichterung nach einer Versöhnung, wenn einem der sprichwörtliche Stein vom Herzen fällt. Genau das haben auch Studien zum Verzeihen gezeigt.

So soll Verzeihen den Blutdruck senken und chronische Rückenschmerzen und Depression lindern.

Der Psychologe Frederic Luskin, Begründer des »Forgiveness«-Projekts an der Stanford-Universität, hat einen Vergebungsunterricht mit 250 Personen durchgeführt. Ergebnis: Verzeihen reduzierte die Stresssymptome von Kopf- und Magenschmerzen bis hin zu Müdigkeit und Schwindel. Durch Vergebung sanken Blutdruck und Puls, Muskelverspannungen nahmen ab. Auch die seelische Verfassung der Teilnehmer verbesserte sich. Noch Monate nach dem Verzeih-Kurs fühlten sich die Teilnehmer vitaler und optimistischer.

Fast jeder Mensch hat irgendwo in seinem Innern ein paar Ereignisse, die er nicht verzeihen kann. Viele quälen sich damit, indem sie grübeln: »*Warum nur! Wie konnte er mir so etwas antun?*« Da sich Gedanken auch auf unseren Körper und unsere Gefühle auswirken, können nachtragende Gedanken einen aus dem inneren Gleichgewicht bringen.

Was aber hindert uns daran, anderen zu verzeihen? Meistens sind wir selbst das Hindernis. Wir sagen uns: »*Sein Verhalten hat mich so stark getroffen. Das kann ich ihm nicht verzeihen!*« Es ist eine Art »*Bestrafung*«, die wir damit bewirken wollen. Natürlich kann es eine Strafe für den anderen sein, wenn wir nicht bereit sind, ihm oder ihr zu vergeben. Aber wir übersehen dabei, dass wir uns so selber am meisten bestrafen. Wir verurteilen uns dadurch dazu, nicht vergessen zu können. *Die »Bestrafung« richtet sich gegen uns selbst.* Der andere, den wir eigentlich »treffen« wollen, bekommt meist wenig davon mit. Auch wenn wir ihm aus dem Weg gehen und ihm dadurch unser Verletztsein deutlich zeigen, wird er in der Regel lange nicht so betroffen sein wie wir selbst. Wer an seinem Schmerz festhält, bestraft sich letzen Endes selbst. Damit verschwenden wir unsere kostbare Lebensenergie, die wir sonst für Schöneres einsetzen könnten. *Wer verzeiht, lässt nicht zu, dass andere Menschen oder Ereignisse das eigene Leben dauerhaft beeinflussen können.*

Wenn wir anderen verzeihen, treten Schuldzuweisungen, Anklagen, Wünsche nach Vergeltung, Bestrafung oder Rache in den Hintergrund. Gerade für das Leben in Familie und Partnerschaft ist verzeihen können eine wichtige Grundlage für die Tragfähigkeit von Beziehungen.

Verzeihen hat eine befreiende Wirkung. Wer anderen Menschen eine Kränkung oder Verletzung nicht nachträgt, kann daraus Gewinn für sein eigenes Leben ziehen, denn indem wir verzeihen, befreien wir uns aus der Opferrolle. Für manche Menschen ist es bequem, selbstgerecht zu sein, sich nur als Opfer zu sehen, sich ständig zu beklagen, nicht ihren Anteil zu sehen und nicht die Verantwortung für sich übernehmen.

Verzeihen ist ein längerer Prozess, der ähnliche Stufen durchläuft wie ein Trauerprozess. Am Anfang dominieren die Rache und das Gefühl, es dem anderen heimzahlen zu wollen. Damit wird das angeschlagene Selbstwertgefühl wiederhergestellt. Irgendwann erreichen Gekränkte dann die Phase der Selbsterkenntnis, in der sie erkennen, dass sie weder perfekt noch fehlerfrei sind. Wichtig ist auch, die Ursachen der Verletzung zu erkennen. Das können »wunde Punkte« aus der Kindheit sein, die ein anderer unwissentlich berührt und uns damit Schmerzen zugefügt hat. Ein ehrliches Verzeihen setzt Perspektivwechsel voraus, mit dem Ziel, sich in den anderen hineinzuversetzen.

Nur wer bereit ist, seine eigenen dunklen Seiten zu akzeptieren, ist zum Verzeihen bereit.

Und das hilft:

- Verlieren Sie trotz aller Emotionen den Blick auf die Fakten nicht. Sagen Sie sich: »Was ist eigentlich passiert? Ist das den Ärger wert? Gibt es nicht viel Schlimmeres auf der Welt?«

- Suchen Sie das Gespräch mit anderen Menschen über Ihre schlechte Erfahrung – nicht mit einem anderen Kollegen und auch nicht mit einem anderen Freund, sondern mit einem »neutralen« Dritten, der den Auslöser Ihres Kummer nicht persönlich kennt.

- Lockern Sie Ihre innere Verkrampfung, indem Sie sich etwas Gutes gönnen: ein entspannendes Bad, eine Runde Sport, einen Spaziergang, ein feudales Essen, einen Besuch im Theater etc.

Leben ohne Liebe

Glauben ohne Liebe macht fanatisch.
Pflicht ohne Liebe macht verdrießlich.
Ordnung ohne Liebe macht kleinlich.
Macht ohne Liebe macht gewalttätig.
Gerechtigkeit ohne Liebe macht hart.
Ein Leben ohne Liebe macht krank.

(Quelle unbekannt)

8. Erste Hilfe bei Kränkungen

Kränkungen bleiben keinem Menschen erspart. Sie tun weh und können sogar das gesamte Selbstbild eines Menschen erschüttern. Aber – *jeder hat es selbst in der Hand, zu entscheiden, ob er Kränkungen zulässt, ob er in der Duldungsstarre verharrt oder seinen inneren »Airbag« aktiviert und sich erfolgreich wehrt.*

Guido, 31:

»Ich habe selbst seit meiner Kindheit unter Kränkungen aller Art gelitten und jahrelange Therapien absolviert, die mir bewusst gemacht haben, dass es ebenso wenig den perfekten Menschen gibt wie den 100%ig selbstbewussten. Selbstbewusstsein bedeutet für mich, sich seines Eigenwertes bewusst zu sein, trotz aller Fehler und Schwächen.

Ich habe ebenso gelernt, dass auch selbstbewusste Menschen Gefühle haben, die verletzt werden können. Meiner Erfahrung nach gibt es keinen Menschen, der alles im Leben mit links nimmt. Allerdings verfügen sie über Strategien, mit Kränkungen umzugehen. Ich habe gelernt, dass es eine falsche Erwartung ist, dass mich jeder mögen muss.

Diese Erwartung kann nur in Enttäuschung oder erneuter Kränkung enden. Heute sind mir wenige gute Freunde, die mich mögen, wichtiger als die Illusion, dass mich jeder mögen muss. Aber ebenso wichtig ist es, sich von den Gefühlen und Meinungen anderer unabhängig zu machen. Die Kunst besteht darin, mich selbst zu bejahen, anzunehmen und zu lieben, denn ich kann nicht erwarten, dass andere mich mögen, wenn ich mich selbst ablehne. Mein Durchbruch kam, als ich fähig war, mich so zu akzeptieren und zu lieben, wie ich bin, und mein bester Freund wurde.«

Kränkungen aller Art können sich tief in unser Unterbewusstsein eingraben und unser Selbstbewusstsein schwächen. Damit das nicht passiert, halten Sie bitte Folgendes ein:

- Um strategisch mit Kränkungen umgehen zu können, ist eine genaue Eigenanalyse nötig: Wo bin ich angreifbar, worin bestehen meine Schwachpunkte? Daneben muss der Gegner analysiert werden: Wo sind seine Schwachpunkte? Notwendig ist ein Vergleichen der Waffen, die dem Gegner und mir zur Verfügung stehen, und eine mentale Vorbereitung auf den nächsten Angriff, um nicht durch Überrumpelungsaktionen des Gegners reaktionsunfähig zu sein *(Schlagfertigkeit, verbales Judo).*

- Die Opferrolle aufgeben, den Täter »entmachten« und innere Unabhängigkeit gewinnen. *(Der andere hat keine Macht mehr über mich und meine Gefühle, ich bestimme, was ich fühle!)*

- Sich der eigenen Stärken bewusst werden: *»Ich kann gut …«*

- Verantwortung für sich selbst übernehmen.

- Selbst- oder Eigenliebe entdecken: *»Ich mag mich, weil ich ein liebenswerter Mensch bin, der es wert ist, geliebt, geschätzt und geachtet zu werden.«*

- Grenzen setzen (Ich-Abgrenzung, nein sagen)! *»Mit mir nicht!«*

- Eigene Wünsche und Bedürfnisse wahrnehmen und durchsetzen: *»Ich möchte, ich wünsche mir …«*

- Wehren Sie sich sofort, wenn Sie gekränkt wurden. Die meisten seelischen Verletzungen entstehen nämlich erst durch langes Grübeln. Beim Abrutschen in die Grübelfalle *»Gedankenstopp«* einsetzen *(»… stört mich nicht, weil ich meine Einstellung verändern kann«)*. Psychologen raten, den Ärger stets dort »abzureagieren«, wo er entstand.

- *Sicherheitsabstand einzuhalten ist besser als ein totaler Beziehungsabbruch!* Es geht darum, Ärger abzubauen, ohne die Bindung zu Menschen zu zerstören.

- Konflikte auszutragen ist besser, als den Ärger stillschweigend zu schlucken und schweigend zu leiden.

- Sich Ärger und Enttäuschungen von der Seele zu schreiben (Tagebuch) ist ein gutes Ventil, um Kränkungen zu verarbeiten.

- Üben Sie, das, was Sie nicht beeinflussen oder ändern können, loszulassen. *(»Glücklich ist, wer vergisst, was doch nicht zu ändern ist!«)*

- Nehmen Sie die Menschen, wie sie sind, es gibt keine anderen. *Wenn Sie merken, dass Sie andere Menschen nicht verändern können, dann verändern Sie einfach Ihre Einstellung zu ihnen!*

- *Begegnen Sie »Angreifern« mit Gelassenheit und Humor.* Das verunsichert sie und bringt sie aus dem Konzept.

- Drehen Sie den Spieß um! *Angriff ist die beste Verteidigung!* Verunsichern Sie den Angreifer, werden Sie unberechenbar! Leiten Sie gekonnt auf ein anderes Thema über und zeigen Sie dem Angreifer, dass es zwecklos ist, Sie ins Visier zu nehmen.

- *Machen Sie Ihren Gegner bewegungslos, indem Sie ihm Recht geben und ihm Komplimente machen.* Oder reagieren Sie statt mit einer Gegenattacke mit feiner Ironie und lassen den Angreifer »abblitzen«.

- *Wer seinen eigenen Wert nicht kennt, lässt zu viel zu!* Ein gesundes Selbstwertgefühl sollten Sie auch körpersprachlich zum Ausdruck bringen durch aufrechte Körperhaltung und selbstbewusste Ausstrahlung. Dadurch signalisieren Sie, dass Sie unangreifbar sind!

- Stabilisieren Sie Ihr Selbstwertgefühl durch Lob für alles, was Ihnen gelungen ist. Eigenlob stinkt nicht, sondern macht Sie immun gegen Kränkungen.

- Wenn Sie Ihren *»inneren Airbag« aktivieren*, können Sie elegant alle Angriffe abprallen und den »Angreifer« ins Leere laufen lassen. Er verliert die Lust, Sie anzugreifen oder zu ärgern.

TIPP

> *»Nicht was wir erleben, sondern wie wir empfinden, was wir erleben, das macht unser Schicksal aus.«*
> (Marie von Ebner-Eschenbach).

Das bedeutet, dass wir unser Erleben selbst steuern können und selbst entscheiden, wie wir Dinge einordnen und ob wir uns ärgern. Gibt Ihnen das nicht das unglaubliche Gefühl, belastenden Situationen nicht hilflos ausgeliefert zu sein?

Kein Mensch wird Kränkungserfahrungen in seinem Leben vermeiden können. In Zeiten seelischer *Belastung* gibt es keine schönere Erfahrung, als einen echten Freund zu haben, einen Menschen, der zu einem hält.

Aber auch Freundschaften können durch Kränkungen belastet werden. Dann beweist sich Freundschaft darin, nach einer Enttäuschung wieder aufeinander zuzugehen oder selbst einen neuen Anfang zu suchen, wenn wir einen Fehler begangen haben. Manchmal heißt Freundschaft Demut, manchmal Vergebung. Die Entwicklung und Vertiefung unserer Freundschaften hält den Prozess unserer Genesung in Gang.

Dass die Überwindung von Belastungen uns stärkt, wird in einer Fabel aus dem Orient erzählt:

Von der Last des Lebens[17]

Ein alter Beduine war krank und zweifelte am Sinn des Lebens.

Eines Tages kam er in einer Oase an einem jungen, noch kleinen Palmenbaum vorbei. Frustriert und deprimiert wie er war, nahm er einen dicken Steinbrocken und legte ihn der jungen Palme mitten auf die Blattkrone und dachte gehässig: »Soll auch sie sehen, wie sie damit fertig wird.«

Die junge Palme versuchte, die Last abzuwerfen. Sie wiegte sich im Wind und schüttelte ihre jungen Wedel. Doch – vergebens.

Also begann sie, tiefer und fester in den Boden zu wachsen, um stärker und kräftiger zu werden. Und wirklich: Ihre Wurzeln erreichten neue Wasseradern. Die Kraft des Wassers aus der Tiefe und die der Sonne vom Himmel machten sie zu einer außerordentlich starken Palme, die auch den Stein im Weiterwachsen mittragen konnte.

Nach Jahren kam der alte Beduine wieder, um nach dem Baum zu sehen. Da sah er eine besonders hochragende Palme und in der Krone trug sie den Stein.

Und wie sie sich im Wind neigte, schien sie ihm zu sagen: „Ich muss dir danken! Die Last hat mich über meine Schwäche hinauswachsen lassen.«

Um mit den besonderen seelischen Belastungen einer Kränkung fertig zu werden, ist die Stärkung des *Selbstbewusstseins* erforderlich. Denn sobald ein Mensch sich seines wahren Seins bewusst wird, lernt er, sich selbst zu vertrauen und sich auf seine eigene Wahrnehmung zu verlassen. Damit kann er beginnen, sich seinen Platz in der Gesellschaft zu erobern und sich abzugrenzen.

Aber nichts ist so schwer wie Abgrenzung. Dazu gehören Mut und *Selbstliebe*. Selbstliebe ermöglicht uns, unsere Verantwortung für uns selbst, für das Hier und Heute zu tragen. Sie nimmt uns Unsicherheiten und Ängste, die uns hindern, unsere persönlichen Wünsche und Bedürfnisse zu realisieren.

Nun sind wir auch bereit, großzügig gegenüber demjenigen zu sein, der uns gekränkt hat, indem wir über einen *Perspektivwechsel* Verständnis für ihn aufbringen können.

Wer seinen eigenen Wert kennt, sich selbst liebt und Verständnis für den anderen hat, hat auch die Stärke zu *verzeihen*. Verzeihen ist das Schwerste, das man einem Menschen abverlangen kann. Aber nur verzeihen reinigt Seele und Körper von negativer Energie.

Damit stehen uns alle Gestaltungsmittel für ein Leben in Freude zur Verfügung.

Quellen

1. Andersen, Hans Christian: *Nur ein Spielmann.* Fischer Verlag, Frankfurt am Main 2005
2. Lukas-Evangelium 15,11-32
3. http://www.schafplanet.de/brova/geschichten/blau/blauschaf.htm
4. Rogge, Jan Uwe: *Pubertät – Loslassen und Haltgeben.* Rowohlt-Taschenbuch Verlag 2001
5. Sulzberger, Cyrus L.: *Die Großen und ihre Väter.* Die Geschichte eines dramatischen Konflikts. Gustav Lübbe-Verlag, Bergisch Gladbach 1987
6. Meier, Ulrich: Vater und Söhne. In: Männerleben, www.maennerleben.com/pdfs/EZ_3.pdf
7. Northrup, Christiane: *Mutter-Tochter-Weisheit.* Wege zu körperlicher und seelischer Gesundheit. Zabert Sandmann Verlag 2005
8. Krüll, Marianne: *Käthe, meine Mutter.* Christel Göttert-Verlag, Rüsselsheim 2005
9. Eder, Ruth: *Die Mutter meines Mannes.* Schwiegermütter – Schwiegertöchter. Herder Verlag 2000
10. Gall, Ruth: *Problemfall Schwiegermutter.* Goldmann Verlag 1999
11. Neumann-Prystaj, Petra: *Freundin, Feindin, Schwiegermutter.* Ein Lese- und Ratgeberbuch über die Frau, die keinen kalt läßt. Sachs Verlag, Darmstadt 1996
12. http://www.taoism.net/german/living/200408.htm
13. http://missbrauchsforum.de/thread_615_1.html
14. http://www.seelen-partner.de/forum/messages/2351.html
15. Seminarangebote: www.dorotheedoering.de
16. Tausch, Reinhard: Verzeihen: *Die doppelte Wohltat.* In: Psychologie heute, April 1993, S. 20–26
17. http://www.zeitzuleben.de/artikel/geschichten/palme.html

Weiterführende Literatur:

Borges, J. L.: *Das unerbittliche Gedächtnis.* Hanser, München, Wien 1992

Boss, Pauline.: *Abschied ohne Ende.* Leben mit ungelöstem Leid. C. H. Beck, München 2000

Bruhns Annette / Wensierski Peter: *Gottes heimliche Kinder – Töchter und Söhne von Priestern erzählen ihr Schicksal.* DTV Verlag 2006

Faix, Wilhelm: *Wieviel Vater braucht ein Kind?* Hänssler Verlag, Holzgerlingen 2003

Boynton Marilyn I./ Dell Mary: *Tochter sein dagegen sehr.* Wege aus dem Mutter-Tochter-Konflikt. Patmos Verlag, Düsseldorf 2005

Hesse Jürgen / Schrader Christian: *Selbstbewusstsein.* Woher es kommt – wie man es stärkt. Eichborn Verlag 2005

Simone, Schmollack: *Ich wollte nie so werden wie meine Mutter.* Geschichten von Frauen zu einer ganz besonderen Beziehung. Schwarzkopf & Schwarzkopf, Berlin 2004

Tausch, Reinhard: *Lebensschritte.* Umgang mit belastenden Gefühlen. Rowohlt-Verlag, Reinbek 1989

Wardetzki, Bärbel: *Kränkung am Arbeitsplatz.* Strategien gegen Missachtung, Gerede und Mobbing. Kösel Verlag, München 2005

Weinrich, H.: *Kunst und Kritik des Vergessens.* C. H. Beck, München 2000

Wendt, Heide-Ulrike: *Wir Scheidungskinder.* Töchter und Söhne erzählen vom Verlust der Familie, Schwarzkopf & Schwarzkopf Verlag, Berlin 2003